D1619456

Reinhard Körner

Mit Gott auf Du und Du

Reinhard Körner

Mit Gott auf Du und Du

Von der christlichen Art,
Mensch zu sein

Vier-Türme-Verlag

Bibliographische Information der Deutschen Bibliothek
Die Deutsche Bibliothek verzeichnet diese Publikation in der Deutschen Nationalbibliographie. Detaillierte bibliographische Daten sind im Internet über http://dnb.ddb.de abrufbar.

1. Auflage 2010
© Vier-Türme GmbH, Verlag, Münsterschwarzach 2010
Alle Rechte vorbehalten

Umschlaggestaltung: Elisabeth Petersen, München
Umschlagfoto: Roland Schneider / plainpicture
Gesamtherstellung: Friedrich Pustet KG, Regensburg
ISBN 978-3-89680-457-0

www.vier-tuerme-verlag.de

INHALT

Vorwort 8

I. **Kostbare Perlen –
Spiritualität und Spiritualitäten** 9

II. **Auf Weisheit hören –
Die Grundspiritualität des Menschen** 15

Der »Königsweg« im Miteinander der Kulturen 15
Weisheit – weisende Wahrheit 17
»Frau Weisheit« konkret 19
Der Weise, der Tor und der Frevler 22
Weisheit – die Quelle der Vernunft 24
Die Grundspiritualität hinter allen Spiritualitäten 28
Ökosophie – die Weisheit im Haus 31

III. **Mit Jesus gleichziehen –
In der Lebensschule des Meisters aus Nazaret** 34

Begegnung und Vergegnung 34
Gottesbegegnung 38
Der Lehrer aus Nazaret 41
Du bist Gott alles wert! 45
Vom »ambivalenten Gottesbild« zum Gott der Liebe 46
Wenn ein Tätigkeitswort zum Dingwort wird 50
Wenn die Liebe das Größte ist 52
Auch Gott hat das Nachsehen 55
Zweimal auferstehen 58
Gott will uns für immer 61

IV. Inneres Beten – Der kleine Schritt in den lebendigen Glauben 68

Die wechselvolle Begriffsgeschichte 69
Das Bild des Baumes 71
Inneres Beten – wie geht das? 73

V. Gott ist einfühlbar geworden – Geistliche Orientierung an der Doktorarbeit Edith Steins 77

»Einfühlung« in der Doktorarbeit Edith Steins 79
Einfühlung als Grundakt des geistlichen Lebens 88

VI. Der Weg hat ein Ziel – Grundzüge christlicher Spiritualität nach Johannes vom Kreuz 98

Dem Ziel entgegengehen 99
Mystik und Freundschaftlichkeit leben 100
Loslassen, um sich einzulassen 101
Lebensgemeinschaft mit Jesus, dem Mensch gewordenen Gott 103

VII. Diagnose: »dunkle Nacht« – In geistlicher Begleitung bei Johannes vom Kreuz 104

Was »dunkle Nacht« nicht ist 104
Eine Gotteserfahrung bei Nacht 106
Die Nacht des Sinnenbereichs 108
Die Nacht des Geistes 109
Die Nacht des Glaubensweges 111
Die passive Nacht zu einer aktiven Nacht gestalten 112

VIII. **Nicht Bergbesteigung, sondern Leben
auf dem Gipfelplateau –
Die Antwort des Johannes vom Kreuz auf die
»Werkefrömmigkeit« seiner (und unserer) Zeit** 114

Der uralte Hang zur Werkefrömmigkeit 115
Ein Merkzettel zur Glaubensorientierung 117
Ein Berg? 118
Die andere Perspektive 120
Eine Lebensqualität im Hier und Heute –
　»allein aus Gnade« 124
Das »Werk« des Glaubenden: sich einlassen auf Gott
　und die Mitmenschen 126
Die Holzwege der Frömmigkeit 128
Der »schmale Pfad« – ein Kraftakt Gottes für und mit dem
　Menschen 130
Die Verfälschung 134

IX. **Orte der Stille –
Aus den Quellen schöpfen** 136

X. **Zeitdiagnosen –
und ein prophetischer Zuruf** 144

Anmerkungen 151

Vorwort

Es gibt vielerlei Weisen, das Leben zu leben. Eine ist die christliche. Die christliche Art, Mensch zu sein. Jesus von Nazaret hat sie vorgelebt, vor zweitausend Jahren – *seine* Art, Mensch zu sein. Von ihr handelt dieses Buch. Wie immer in meinen Schriften, möchte ich etwas von dem weitergeben, was ich von Jesus gelernt habe – und von Menschen, die im Laufe der Jahrhunderte seine Lebensart nachgelebt haben, auf *ihre* Art. Zu ihnen gehört Johannes vom Kreuz; er ist für mich ein besonders wichtiger Lehrer geworden und wird deshalb am häufigsten zu Wort kommen. Zu ihnen gehören auch Edith Stein und ihr jüdischer Bruder Martin Buber, Teresa von Ávila, Elisabeth von Dijon und viele andere aus Vergangenheit und Gegenwart, die mir geholfen haben, den Weg der Nachfolge Jesu zu gehen, auf *meine* Art. In den Artikeln, die der Verlag in dieses Buch aufgenommen hat – unveröffentlichte wie auch einige, die bisher in Zeitschriften verstreut oder nur für einen begrenzten Leserkreis zugänglich waren –, habe ich die Perlen gesammelt und aufgereiht, die ich von diesen Frauen und Männer geschenkt bekommen habe; Perlen, die sie nicht gefunden hätten, gäbe es die eine Perle, die »besonders wertvolle Perle« (Mt 13,46) nicht, die sie sich von Jesus haben schenken lassen. Zu unterschiedlichen Anlässen in den vergangenen zehn Jahren entstanden und für diese Ausgabe noch einmal überarbeitet und aktualisiert, wollen die einzelnen Beiträge, mal referierend, mal eher erzählend, *Erfahrungen* weitergeben, um ähnliche Erfahrungen zu wecken; *Impulse* weiterleiten, die Bewegung ins Leben gebracht haben, um Leben in Bewegung zu bringen; *Klärungen* zur »Unterscheidung der Geister« anbieten, die auch mir sehr weitergeholfen haben.

Karmel Birkenwerder, im August 2009
Reinhard Körner OCD

I. Kostbare Perlen – Spiritualität und Spiritualitäten

Ich bin ein Mensch. Einer von sechseinhalb Milliarden, die gegenwärtig die Erde bewohnen. Gefragt wurde ich nicht, ob ich zu ihnen gehören möchte. Ich bin da, und dem muss ich mich stellen. So, wie Milliarden vor mir, seit unsere Spezies die Erde, dieses Staubkorn am Rande einer winzigen Galaxis in den Weiten des Alls, zu bevölkern begann. Und so, wie die Zweihundertachtzigtausend, die täglich hinzugeboren werden. Menschen, fern und fremd im großen Weltdorf. Menschen, nebenan im selben Haus. Ein jeder mit einem ganz eigenen, nie da gewesenen, unverwechselbaren Herzen; ein jeder mit seinen Hoffnungen, seinen Sorgen und Ängsten, mit seinen Freuden und seinem Leidensweg, mit seinen Enttäuschungen, seinen Begrenzungen und seinen Verletzungen, mit seiner Sehnsuchtsgeschichte und seiner Schuldgeschichte. Ein jeder zusammen mit den zehn, zwanzig oder drei, die ihm fehlen würden, wären sie nicht mehr da, und mit dem einen vielleicht, der für ihn, wie Eva für Adam, »Fleisch (ist) von meinem Fleisch« und »Bein von meinem Bein« (Gen 2,23).

Menschen. Zweieinhalbtausend von ihnen erlebe ich im Laufe eines jeden Jahres im Gästehaus der kleinen Klostergemeinschaft, der ich angehöre. Vielen begegne ich unter vier Augen im seelsorglichen oder freundschaftlichen Gespräch, anderen in den Arbeitskreisen und Diskussionsrunden eines Seminars. Und vielen im Schweigen ihrer Exerzitien und Stillen Tage, zu denen sie in unser Kloster kommen – im Schweigen, das – mehr noch als das Sprechen – so deutlich reden kann, wenn unsere Blicke sich treffen. Christen sind sie in der Mehrzahl, katholische, evangelische und freikirchliche; die einen engagiert in ihren Kirchengemeinden oder geistlichen Gemeinschaften, die anderen eher fern von dem, was man »kirchliches Leben« nennt. Auch Religionslose sind darunter, von Jahr zu Jahr in steigender Zahl; auch sie lieben die Stille und suchen nach Orientierungsmarken im wechselvollen Auf und Ab des Lebens. Und die fünfzig deutschen Buddhisten zum Beispiel, die sich mehrmals im Jahr zu Meditationstagen einfinden; von ihnen sagen unsere Mitarbeiterinnen in der Küche, dies seien die freundlichsten und achtsamsten Gäste im Haus. Sie alle und ich, wir sind Menschen. Menschen zuerst, *vor* jeder weltanschaulichen Überzeugung und *vor* jeder Religion oder Konfession. Das klingt banal, zugegeben. Doch in dieser »Banalität« liegt die uns gemeinsame Würde begründet und unsere Zusammengehörigkeit über alle Verschiedenheiten hinweg. Uns eint, dass wir Menschen sind, ein jeder konfrontiert mit derselben Herausforderung: das Leben, in das keiner von uns sich selbst gerufen hat, menschenwürdig zu bestehen – und zu werden, was wir sind: Menschen.

Keiner kommt an dieser Aufgabe vorbei. Sie stellt sich jeder Generation, von jedem Einzelnen muss sie persönlich angegangen werden, in jeder Lebensphase steht sie von Neuem an. Leben will gelernt sein, erfüllt leben jedenfalls. Und doch muss niemand »das Rad noch einmal erfinden«. Die Geschichte der Menschheit trägt in ihren Kulturen, in ihren Religionen und in ihren Weltanschauungen einen Schatz an Erfahrung und Weisheit mit sich durch die Zeiten, den wir nutzen können. Gerade was die Grundfragen des Lebens betrifft – solche, die in der Sehnsucht, in der Angst, in der Schuld und in der Liebe wurzeln –, ist hier so manches zu finden, was schon andere vor uns bedacht haben. Daran können wir anknüpfen, uns zumindest Rat und Orientierung holen.

Es ist gewiss etwas dran, wenn ein wacher Zeitgenosse bemerkt: »Die aktuelle Nachfrage nach Religion äußert sich vor allem in der Suche nach einem ›Lebenswissen‹, nach einer neuen ›Lebenskunst‹, welche die Grundkonflikte und Reifungskrisen des Menschen kreativ zu bewältigen hilft, seine Lebenspraxis sinnvoll strukturieren kann und die Möglichkeit zur Vergewisserung der eigenen Identität gibt. Vom Religiösen erwartet man Auskunft auf die Frage, was es mit dem Leben eigentlich auf sich hat, worauf man es gründen kann, um Stand und Stehvermögen im Dasein zu gewinnen. Im Religiösen erhofft man Gegenmittel für den Utopieverlust, die Phantasielosigkeit und Monotonie des modernen ›business as usual‹« (Hans-Joachim Höhn).[1]

Und die Auswahl ist groß in unserem Teil der Erde! Die multikulturell gewordene Gesellschaft hält alles bereit, was die Menschheit an spiritueller Tradition, an »Lebenskunst« und »Lebenswissen« anzubieten hat. Die Zeit ist vorbei – unwiederbringlich, wenn nicht alles täuscht –, da das Christentum die einzige oder doch hauptsächliche Orientierungsmöglichkeit war.

Freilich, in der Schatztruhe der Religionen und Lebensphilosophien ist nicht jede Perle echt, und unter dem funkelnden Blattgold so mancher Spiritualitäten und Sinn-Angebote nagt nicht selten der Wurm. Kritisches Urteil ist gefragt und dazu die Entschlossenheit, letztlich nur das zu übernehmen, was sich als wahr in seiner Nährkraft erweist. Wir Menschen sind es wert, mit Geringerem nicht zufrieden zu sein. Das »Kriterium der Lebensdienlichkeit«, schreibt zu Recht der evangelische Theologe Klaus-Peter Jörns (geb. 1939), ist an alle spirituellen Traditionen anzulegen[2], ein Kriterium, das »die Wirkungsgeschichte der unterschiedlichen heiligen Schriften näher anschaut und fragt, was sich darin als lebensdienlich erwiesen hat und was als eher lebensfeindlich«.[3] Denn nur was aufbaut, hilft leben, nur was heilt, ist Gewinn, und nur was aufrecht gehen lässt – mich und zugleich die anderen –, ist des Menschen würdig.

Als ich heranwuchs und selbst begann, nach Lebensorientierung zu suchen, boten sich mir zwei Wege an: im Elternhaus der christliche Glaube und in der Schule der Marxismus-Leninismus. Letzterer bewirkte immerhin, dass auf seinem Hintergrund die christliche Art, die Welt zu deuten und das Dasein zu verstehen, nur umso leuchtender hervortrat. Hinzu kam in der katholischen Pfarrgemeinde das Vorbild konkreter Frauen und Männer, an dem sich meine Lebensideale formen konnten.

Dass auch die Schatztruhe des christlichen Glaubens nicht nur echte Perlen enthält, ging mir erst allmählich, in den Jugend- und Studentenjahren auf. In der »katholischen Welt«, die sich mir mit dem Eintritt in ein kirchliches Internat auftat, und in den anschließenden ersten Semestern des Theologiestudiums begegnete mir bald neben dem Strahlenden und Anziehenden auch das Verstaubte, das Niederdrückende, das Beengende und Ängstigende. Vieles zeigte sich da, was ich weder mit dem Verstand noch mit dem Herzen nachvollziehen konnte. So entschloss ich mich, doch lieber auf die Lebenskunst derer zu schauen, die wir damals in der DDR die Edel-Marxisten nannten. Rosa Luxemburgs (1870–1919) *Briefe aus dem Gefängnis* zum Beispiel oder die heimlich kursierenden Gedichte von Reiner Kunze (geb. 1933) sprachen tiefe Bereiche meiner Seele an. »WIR wollen Flieger sein mit Klarsicht, Artisten ohne Seil und Netz«[4], las ich bei Eva Strittmatter (geb. 1930). Dieser Vers aus einem ihrer Gedichte wurde zum kraftvollen Leitwort, an dem ich schließlich den Mut fand, den christlichen Glauben hinter mir zu lassen. Das Bekenntnis der ostdeutschen Lyrikerin: »Ich leb mein Leben ohne Gott ...«[5] wurde auch das meine. Und mir fehlte nichts.

Ich wäre den neuen Weg gewiss weitergegangen, wären mir nicht nach einem Jahr Texte des spanischen Karmeliten Johannes vom Kreuz (1542–1591) in die Hände gekommen. Wenn es in meiner Biografie ein Ereignis gibt, das mich ahnen lässt, was Paulus vor Damaskus widerfahren sein mag, dann war es die Viertelstunde in der Erfurter Straßenbahn, als ich, eher unwillig, in dem Buch zu blättern begann, das ich Minuten vorher als »letzten Versuch mit dem Christentum« empfohlen und entliehen bekommen hatte. Als ob in eine sternenklare Nacht hinein plötzlich die helle Mittagssonne strahlen würde, so ging mir noch einmal ganz neu das »Licht des Glaubens« auf. Die Erfahrungen, die ein spanischer Mönch vor vierhundert Jahren niedergeschrieben hatte, und das Gottes- und Menschenbild, das diesen Erfahrungen zugrunde lag, überstrahlten alles, aber auch alles, was mir zuvor – in der christlichen wie in der atheistischen Lebensphase – den Weg geleuchtet hatte. In meinem »Leben ohne Gott« hatte mir nichts gefehlt; aber nach jener Viertelstunde wusste ich, was mir fehlen würde, ließe ich dieses Licht nicht in mich ein. Meine vermeintlich atheistische Lebensmaxime, »Flieger mit Klarsicht« und »Artist ohne Seil und Netz« sein zu wollen, würde ich, das war mir sofort klar, bei einer solchen Sicht von Gott und vom Menschen nicht aufgeben müssen. Wenn das, was ich hier lese, Christsein ist, sagte ich mir, dann will ich es lernen!

Und ich lernte. Ich hatte zuvor gesucht, um zu finden. Nun hatte ich gefunden, um zu suchen. Die Schatztruhe des christlichen Glaubens stand wieder vor mir, und in dem Licht, das mir durch die Schriften des Johannes vom Kreuz aufgegangen war, erblickte ich in der alten, hölzernen Truhe die kostbarsten Perlen.

Ich sah auch, im selben Licht, wie eingestaubt die schönen Perlen in der Truhe lagen oder wie verpackt sie waren in Schächtelchen und Kästchen, fest zugeschnürt – so, als hätte jemand ihren Inhalt für alle Zeiten sicher verwahren wollen. Und ich fand viel Tand, eingehüllt in golden schimmerndes Glanzpapier. Ja, so manche giftige Pille sogar. Nach und nach begriff ich, dass ich bei meiner Wende zum Atheismus nicht den christlichen Glauben weggeworfen hatte, sondern das, was ich damals dafür hielt. Ich hatte jene »Abschiede von überlieferten Glaubensvorstellungen« vollzogen, die, so Klaus-Peter Jörns, notwendig sind, wenn sich »das Christentum aufschwingen will zu [...] dem ihm eingegebenen Bild von sich selbst«, ja sich besinnen will »auf seinen Kern, der mit Jesus Christus vorgegeben ist«.[6]

Inzwischen sind die Jahre ins Land gegangen. Noch immer schaue ich Tag für Tag in die alte Schatzkiste, packe die unansehnlich gewordenen Umhüllungen auf, sortiere wertlose Glasmurmeln und lebensgefährliche Pillen aus und erfreue mich an all dem Kostbaren, was mir und anderen *leben* hilft. Ich schaue auch weiterhin, so gut mir das möglich ist, in die Truhen anderer Religionen und Kulturen. Auch darin finde ich, neben vielem, was unannehmbar für mich ist, wunderschöne Perlen. So manche Lebensweisheit, die mir hier begegnete, erschloss mir erst den tieferen Sinn von Worten und Bildern, die ich aus der Bibel kenne, aus der kirchlichen Glaubenssprache und aus der Theologie.

Und noch immer, von Jahr zu Jahr mehr, fasziniert mich die eine Perle, die leuchtendste von allen. Von ihr heißt es in der Bibel, sie gefunden zu haben, das sei »wie mit einem Kaufmann, der schöne Perlen suchte. Als er eine besonders wertvolle Perle fand, ging er los, verkaufte alles, was er besaß, und kaufte sie« (Mt 13,45f). Der Vergleich stammt von Jesus. Die Perle aller Perlen, das war für den Kleinbauern und Bauhandwerker aus Nazaret in Galiläa *das Leben im Reich Gottes* – die Lebensart, zu der er damals, vor nunmehr zweitausend Jahren, die Menschen seines jüdischen Volkes hinführen wollte.

Wenn ich eines lernen konnte durch Johannes vom Kreuz und durch viele andere seinesgleichen, dann dies: Der Glaube, wie Jesus ihn meinte, ist mehr als eine Weltanschauung, Gott mehr als ein Helfer in der Not, der Mensch mehr als ein begnadigter Sünder, Christsein mehr als Kirchenzugehörigkeit und Kirche mehr als jede Konfessionsgemeinschaft. Der christliche Glaube ist eine Spiritualität, eine Lebensweise, eine bestimmte Art, die fünfzig, siebzig oder fünfundneunzig Jahre zu erleben und zu gestalten, die uns auf Erden geschenkt sind; eine andere, noch heute ganz neue Art, Mensch zu sein – inmitten einer Menschheit, die in den Augen Gottes mehr ist als eine im Finstern lebende Heidenwelt.

II. Auf Weisheit hören – Die Grundspiritualität des Menschen[7]

Alexandria, um das Jahr 30 v. Chr. Wenn es schon damals irgendwo auf dem Erdball eine multikulturelle Gesellschaft gab, dann in dieser Metropole am Mittelmeer, an der Küste Ägyptens. Die einst unbedeutende Fischersiedlung war im 4. Jahrhundert v. Chr. unter Alexander dem Großen zum griechischen Militärstützpunkt ausgebaut worden. Danach residierten hier die Pharaonenkönige der Ptolemäer-Dynastie, und erst kürzlich, nach der Seeschlacht bei Actium im Jahre 31 v. Chr., hatten sich die Römer die Stadt einverleibt. Sie galt inzwischen als wichtigstes Handelszentrum im Mittelmeerraum und war mit mehr als einer halben Million Einwohnern nach Rom die zweitgrößte Stadt der damaligen Welt. Händler, Bauleute, Künstler und Gelehrte aus Griechenland, Nordafrika und Ägypten, aus dem vorderasiatischen Osten und dem römischen Reich lebten hier zusammen, als Freie, als Soldaten und als Sklaven. Die verschiedensten Religionen, Kulturen und Lebenseinstellungen prägten das Bild der weltoffenen Stadt.[8]

Einen nicht unerheblichen Teil der Bevölkerung Alexandrias bildeten die Juden. Man schätzt die Größe ihrer Diasporagemeinde auf zirka einhunderttausend Mitglieder. In ihren Reihen entsteht in diesen Jahren – es ist kurz vor der Zeitenwende – eine Schrift, die – so glaube ich – auch für das ethnisch, religiös und weltanschaulich pluralistische Europa, an dessen Zukunft wir gegenwärtig bauen, von wegweisender Bedeutung sein kann. Wir finden darin so etwas wie die *spirituelle Basis* für ein tolerantes und zugleich wahrheitsorientiertes Miteinander.

Der »Königsweg« im Miteinander der Kulturen

Der unbekannt gebliebene Autor – manches spricht auch für eine Autorin oder ein Autorinnenkollektiv[9] – nannte das kleine

Werk *Die Weisheit des Salomo*. Es ist bis heute im Judentum und im Christentum bekannt und geschätzt; die Katholische Kirche zählt es zum Kanon der biblischen Schriften, es gilt als das jüngste Buch im Ersten (Alten) Testament.

Das *Buch der Weisheit*, so der Titel in deutschen Bibelübersetzungen (abgekürzt: Wsh), ist in Griechisch geschrieben. Und griechisch ist nicht nur die Sprache. Das Buch atmet auch griechischen Geist, ja den Geist der vielen Denkwelten und Kulturtraditionen, die in Alexandria zusammentrafen. Die Leser hatten nicht nur eine für alle verständliche Sprache vor sich (das »antike Englisch« der östlichen Mittelmeerwelt); sie fanden in dieser Schrift, wenigstens in den ersten neun Kapiteln, auch Gedanken wieder, die für alle nachvollziehbar waren. Was hier ausgedrückt war in Worten und Bildern, das war Juden wie Griechen, Römern wie Ägyptern, Syrern wie Äthiopiern aus der eigenen Tradition vertraut. Und obwohl sich der Autor – in der fiktiven Gestalt des jüdischen Königs Salomo (10. Jh. v. Chr.) – ausdrücklich an die »Herrscher der Erde« (Wsh 1,1) wendet, verstanden die Leser und Hörer wohl schnell, dass sie alle mit dem Anliegen des Buches gemeint waren, die Regierenden wie die Untergebenen, die Einfachen wie die Gelehrten.

Je mehr ich mich in den vergangenen Jahren in diese Schrift hineinvertiefte[10], desto mehr ist mir klar geworden, dass darin der »Königsweg« im Miteinander der Kulturen, Religionen und Weltanschauungen beschrieben ist. So manches, was der alexandrinische Jude da sagt – nennen wir ihn also Salomo –, mag zeitbedingt sein; das Grundanliegen aber hat an Aktualität nicht verloren. Was Salomo als die verbindende Basis für das Zusammenleben von Menschen unterschiedlichster religiöser Auffassungen ansah, kann heute in Europa, nach Aufklärung und Moderne, das Verbindende und Einende auch zwischen Religiösen – gleich welcher Tradition – und Religionslosen sein.

Es geht um die *Weisheit* in Salomos Buch. Die Griechen nannten sie *sophia*, die Römer *sapientia*, die Ägypter *ma'at* und die Juden *chokmah* ... – Es gibt wohl keine Sprache rund um den Erdball, die nicht eigens eine Vokabel dafür hätte. Ein großes, ja als heilig empfundenes Wort in den alten Kulturen! Die Internetshops vermitteln einen Eindruck davon, wie attraktiv es noch heute ist: Über zweitausend Bücher aus deutschen Verlagen werden derzeit (August 2009) angeboten – tausendsiebenhundert mehr als noch vor fünf Jahren –, die das Wort Weisheit im Titel oder Untertitel haben; und das sind durchaus nicht nur Veröffentlichungen religiöser oder gar nur esoterischer Autoren.

Weisheit – weisende Wahrheit

Weisheit meint nicht die Intelligenz eines Menschen, nicht seine Verstandesschärfe und nicht sein Wissen, nicht das Ergebnis des Denkens und Schlussfolgerns und nicht die Erkenntnisfrüchte eines langen Lebens. Was Salomo Weisheit nennt, kann nicht erdacht werden. Weisheit wird *erfahren*. Sie will *empfangen* werden. Sie ist ein *Erfahrungs*phänomen. Und sie hat mit dem zu tun, was wir *Wahrheit* nennen, Wahrheit im Sinne von faktisch gegebener Realität, aber auch im Sinne eines erhellenden Wortes, einer einleuchtenden Ein-Sicht, eines wahren Gedankens über Wichtiges, Großes, Wesentliches. In der deutschen Sprachgeschichte ist das Substantiv Weisheit aus »weisen«, nicht aus »wissen« hervorgegangen (weshalb wir Weisheit mit »s«, nicht mit »ß« schreiben). Weisheit meint, dem Empfinden unserer Vorfahren nach, *weisende Wahrheit*: Gedanken, Erfahrungen und Einsichten, die über das hinausweisen, was wir bisher wissen, denken und fühlen. – Mag der Wortsinn von Kulturkreis zu Kulturkreis auch etwas variieren, so treffen sich in dieser Grundbedeutung von Weisheit doch alle Traditionen. Weisheit ist Wahrheit, die vor mich hintritt, mich an-geht, mir etwas sagen will – gleich, woher sie kommt: ob in

Gestalt eines Wortes aus dem Munde eines Menschen, als ein Gedanke, der in der Stille aus dem eigenen Innern aufsteigt, als ein Wort aus Literatur und Dichtung, als die Stimme des Gewissens oder als das »Lied in allen Dingen« (Joseph Freiherr v. Eichendorff) in den kleinen und großen Ereignissen des Alltags ...

Weisheit ist *Wahrheit im Prozess*, nicht die absolute Wahrheit freilich, die – nach dem Glaubensverständnis Salomos und der abrahamitischen Religionen – allein Gott zukommt, wohl aber die Wahrheit, die immer tiefer zu dem hinführt, von dem sie herkommt. Weisheit weist in das immer noch größere Geheimnis des Daseins hinein, sie hat mit jener Art von Wahrheit zu tun, die uns Bodenhaftung gibt in der Realität und uns zugleich »in die Höhe« wachsen lässt, zum Guten und Besseren, zum Erfüllenden und Menschlicheren hin.

Salomo erfährt solche weisende Wahrheit als eine *Gabe* und empfindet sie – auch dann, wenn sie sein bisheriges Denken und Handeln infrage stellt – als das Wertvollste, das ihm das Leben anzubieten hat: »Keinen Edelstein stellte ich ihr gleich«, bekennt er in seinem Buch, »denn alles Gold erscheint neben ihr wie ein wenig Sand, und Silber gilt ihr gegenüber so viel wie Lehm. Ich liebte sie mehr als Gesundheit und Schönheit und zog ihren Besitz dem Lichte vor; denn niemals erlischt der Glanz, der von ihr ausstrahlt« (Wsh 7,9–10). Er habe, sagt er, die Erfahrung gemacht, dass Weisheit, lässt man sie reden und hört man ihr zu, wie eine Lehrmeisterin (Wsh 1,5) sei; sie lehre ihn, das Echte vom Schein zu unterscheiden, sich auf das Wesentliche hinzuorientieren, dem Mitmenschen gerecht zu werden und im Einklang mit sich und der Welt zu leben. »Zugleich mit ihr kam alles Gute zu mir«, schreibt er weiter, »unzählbare Reichtümer waren in ihren Händen. Ich freute mich über sie alle, weil die Weisheit lehrt, sie richtig zu gebrauchen« (Wsh 7,11f). Für Salomo ist diese Erfahrung so kostbar geworden, dass sie ihn zu einer Lebensentscheidung veranlasste: »So beschloss ich«, erzählt er, »die Weisheit als Lebensgefährtin heimzuführen; denn ich wusste, dass sie mir guten Rat gibt und Trost in Sorge und Leid« (Wsh 8,9). Das Bild von der Heimführung als Lebensgefährtin hatte sich ihm nahegelegt, weil er schon von seiner jüdischen Glaubenstradition her gewohnt war, die Weisheit als eine »Person« zu denken. Nicht als eine wirkliche Person freilich, wie es den Vorstellungen anderer Völker entsprach, etwa der Ägypter, die in der Ma'at die Göttin der Weisheit verehrten; nach jüdischem – und später auch christlichem – Glauben ist der eine und einzige Gott selbst der Weise, ja die Quelle aller Weisheit schlechthin. Aber bildhaft hatten bereits einige frühere Schriften aus Salomos Volk, vor allem das *Buch der Sprichwörter*, von der »Frau Weisheit« gesprochen (Spr 14,1). Gott schickt sie aus in die Welt hinein, so heißt es da, zu *allen* Menschen, damit sie ihnen »Schwester« und »Freundin« sei und sie vor der »Frau Torheit« bewahre, die nur »nach Verführung fiebert« und das Leben zerstört (Spr 9–11).

»Frau Weisheit« konkret

Diese *Erfahrung von Weisheit* kennt jeder Mensch, jeder im religionspluralistischen Alexandria und jeder im heutigen multikulturellen Europa, jeder Religiöse und jeder Religionslose auf dem Planeten Erde.

In meinem Kurs *Exerzitien für Religiöse und Religionslose*, den ich seit einigen Jahren in unserem Kloster in Birkenwerder, am Stadtrand von Berlin, anbiete und der immer gut – und gut gemischt – besucht ist, bringe ich gern folgende konkrete Beispiele:

Da sagt mir jemand, wie er dies und dies beurteilt. Ich höre ihm zu, und ich spüre: Es ist wahr, was er sagt – Wahrheit steht vor mir. Wahrheit, die mich betrifft.

Oder: Ich lese morgens einen Spruch auf dem Kalenderblatt, und ich weiß sofort: Das ist wie eigens für mich hingeschrieben

– eigentlich müsste ich jetzt darüber nachdenken. Wieder steht Wahrheit vor mir. Wahrheit, die mir etwas sagen will.

Ich sitze in der Bahn, schaue sinnierend zum Fenster hinaus, und plötzlich steigt ein Gedanke in mir auf. Ich weiß: Das müsste ich einmal an mich heranlassen, nicht wieder zur Seite schieben und verdrängen.

Ich habe vor, so und so zu handeln. Doch eine innere Stimme sagt mir: Das solltest du nicht tun. Ich spüre: Die Stimme hat Recht – ich müsste ihr folgen.

Oder: Die Situation, in der ich mich befinde, ist, wie sie ist. Aber ich will sie nicht wahrhaben. Doch was wahr ist, ist wahr, Realität bleibt Realität – ich müsste mich ihr stellen.

Ich trage mich, vielleicht lange schon, mit einem Problem. Da kommt mir plötzlich der rettende Gedanke! Wie eine Erleuchtung. Ich sehe meine Lebenssituation klar vor mir – und kann nun auch Wege finden, um sie zu bewältigen.

Ich lese ein Buch – ein Sachbuch vielleicht, einen Roman oder eine Biografie. Was ich lese, ist mehr oder weniger interessant bis Seite 56 – und dann, auf Seite 57 unten, stehen da plötzlich zwei Sätze, die mich treffen: eine Wahrheit, die mich betrifft und mich betroffen macht.

Ich bekomme eine CD geschenkt. Nur mal hineinhören will ich, so nebenbei abends am Schreibtisch. Doch schon bald horche ich auf. Die Musik nimmt mich gefangen, weckt ein tiefes Empfinden, ein Ahnen von Großem, Wesentlichem – ich kann nicht benennen, was es ist, aber diese Melodie hat Recht, mehr Recht als alle dunklen Gedanken und all die lauten Töne, die vom langen Tag noch in mir sind.

Wir diskutieren miteinander und haben sehr unterschiedliche Auffassungen. Ich kann die Überzeugung des anderen nicht teilen. Da äußert er einen Gesichtspunkt, der Bewegung in meine eingefahrenen Gedankengleise bringt. Ich müsste zustimmen –

später wenigstens, wenn ich nicht in seiner Gegenwart über meinen Schatten springen muss ...

Jeder Mensch kennt das, auch jeder in meinen Exerzitienkursen: der katholische Familienvater, die Jüdin, die evangelische Pastorin, der ehemals marxistische Lehrer, der nach der politischen Wende von 1989 Buddhist geworden ist, der Physiker, der sich als »bekennender Atheist« vorstellt, und die Krankenschwester, die von sich sagt, sie gehöre keiner Religion oder Konfession an, sie sei »einfach normal«.

Tag für Tag und Stunde um Stunde, unzählige Male, tritt so und auf ähnliche Art Wahrheit vor mich hin. Wahrheit, die mich angeht. Angenehme Wahrheit, erhellende, befreiende sogar – und unangenehme, kritische, überführende, herausfordernde Wahrheit. Und die Lebenserfahrung lehrt: Lasse ich eine Wahrheit, woher immer sie kommt, an mich heran, so führt sie mich ein Stück weiter. Sie bringt Licht ins Dunkel, bricht Urteile und Vorurteile auf, gibt den Weg wieder frei. Sie fordert heraus, sie fördert das Leben ...

Salomo will der »ganzen Welt« (Wsh 6,1) diese Entdeckung mitteilen, seinen jüdischen Glaubensbrüdern ebenso wie allen anderen Bewohnern der Stadt: »Ihren Reichtum behalte ich nicht für mich. Ein unerschöpflicher Schatz ist sie (die Weisheit) für die Menschen« (Wsh 7,13f). Und so setzt er sich hin und verfasst sein Buch. Kernsätze darin sind die folgenden Zeilen. Was ich nur recht prosaisch mit ein paar Beispielen zu beschreiben versucht habe, hat er in bildhaft-poetische Sprache gefasst:

»Strahlend und unvergänglich ist die Weisheit;
wer sie liebt, erblickt sie schnell,
und wer sie sucht, findet sie.
Denen, die nach ihr verlangen,
gibt sie sich sogleich zu erkennen.

Wer sie am frühen Morgen sucht, braucht keine Mühe,
er findet sie vor seiner Türe sitzen.
Über sie nachzusinnen ist vollkommene Klugheit;
wer ihretwegen wacht, wird schnell von Sorge frei.
Sie geht selbst umher, um die zu suchen, die ihrer würdig sind;
freundlich erscheint sie ihnen auf allen Wegen
und kommt jenen entgegen, die an sie denken.«
(Wsh 6,12–16)

Vor der Tür wartet Weisheit. Früh am Morgen schon, wenn noch im Halbschlaf die ersten Gedanken erwachen. Und sie geht mit uns auf allen Wegen im Ablauf des Tages. Ja sogar des Nachts, in unseren Träumen, kann sie zu uns sprechen. Damals in Alexandria, heute in Berlin, in Paris und in London, in Prag und in Brüssel. »Ihrer würdig« sind alle Menschen, ohne Unterschied. Alle, die »an sie denken«, die Religiösen und die Religionslosen. Frau Weisheit kennt Kulturgrenzen und weltanschauliche Parteiungen nicht. »Machtvoll entfaltet sie ihre Kraft«, schreibt Salomo, »von einem Ende (der Erde) zum andern und durchwaltet voll Güte das All« (Wsh 8,1).

Der Weise, der Tor und der Frevler

Wie Weisheit erfahren wird, das lässt sich mit Worten umschreiben wie *schauen, einsehen, erahnen, staunen* ... und vor allem – die Bibel gebraucht es über eintausendzweihundert Mal – mit dem Wort *hören*. Das Mittel, um die weisende Wahrheit zu »empfangen«, ist die *Wahr-Nehmung*, das bewusste und vorbehaltlose *Hören* auf das, was als Wahrheit sich kundtut. Ein *Weiser* ist, wer sich den Wahrheiten stellen konnte, die das Leben an ihn herangetragen hat.

Das Gegenstück zum Hören auf Weisheit ist die Gehörlosigkeit gegenüber der Weisheit, die *Torheit* und der *Frevel*, wie Salomo in der Tradition seines Volkes sagt (vgl. Wsh 7–9). Der *Tor*, das ist ein Mensch, der die Wahrheit nicht beachtet, sie – vielleicht auch absichtlich – überhört, sie übergeht. Und der *Frevler*, das ist einer, der die Wahrheit umbiegt und zur Halbwahrheit macht, sie mit allerlei Vernunftgründen um- und wegrationalisiert, sie – für sich selbst und gegenüber anderen – verdreht.

In der Tradition, aus der wir Christen stammen, gilt daher das Hören auf die »Weisheit von oben« (Jak 3,17) als die Grundaktivität des religiösen Lebens schlechthin. Gefragt, »welches Gebot das erste von allen« sei, antwortet Jesus von Nazaret mit dem *Sch'ma Jisrael* (Mk 12,28–34), dem Haupttext der alttestamentlichen Bibel, der, noch bevor vom Bekenntnis an den »einzigen Gott« die Rede ist, mit der Aufforderung beginnt: »Höre, Israel!« (Dtn 6,4). Gerade wir Christen freilich haben das Hören weithin verlernt. Religiosität besteht für uns vor allem darin, dass wir reden; wir bekennen uns zu Glaubenssätzen, ohne genügend in sie hineinzuhorchen; wir sprechen in Worten, die aufgrund ihrer zeitgebundenen und definierend-abgrenzenden Sprache mehr Weisheit verhüllen als offenlegen. Damit aber reden wir die »Weisheit von oben« regelrecht zu! Und so ist uns die Kenntnis der Sprache verlorengegangen, in der sich der »Geist der Wahrheit« (Joh 16,13), der »weht, wo er will« (Joh 3,8), an die Menschheit wendet. Ich sehe darin einen der Hauptgründe für den allseits beklagten Glaubwürdigkeitsverlust, in den die Kirchen geraten sind. Nur Prediger und Theologen, die von der Weisheit berührt sind, werden andere berühren können. Mit dem von ihm aufgenommenen Ruf »Höre, Israel!« weist uns Jesus den Weg aus dieser Not, hin zu den Wurzeln unseres Glaubens: in das *Gespräch mit der Weisheit* über seinen Gott.

Nicht anders ist es unter atheistisch orientierten Menschen. Nicht nur Glaubensworte lassen sich unverstanden nachplappern; den Ideen der Aufklärung geht es nicht anders. »Aufkläricht« hat Ernst Bloch (1885–1977) das Ergebnis genannt. Vorurteile, Halbwahrheiten, Plattitüden, »dogmatische« Positionen und Ideologien sind auch hier auf den Mangel an Hör-Bereitschaft und auf den damit zwangsläufig verbundenen Wahrheits- und Realitätsverlust zurückzuführen.

Der Tor aus Salomos Buch ist weder der Jude noch der Heide und heute weder der Religionslose noch der Religiöse, sondern – alle Positionierungen übergreifend – der Mensch, der sich der Stimme der Weisheit verschließt. Und der Frevler ist der, der die Wahrheit verdreht, um Argumente für den Fortbestand des eigenen Urteils zu haben, nicht selten auch für den Fortbestand seiner kleinen Macht.

Es gibt inzwischen Millionen von Menschen, die, aus welchen Gründen auch immer, für Religion keine »Antenne« (mehr) haben. Man hat sie, durchaus nicht abwertend, die »religiös Unmusikalischen« (Max Weber) genannt.[11] Das mag eine gewisse Berechtigung haben. Wenn es aber um das *Hören auf Weisheit* geht, dann gibt es die »Unmusikalischen« nicht – nur die Gehetzten und Gestressten, die das leise »Lied in allen Dingen« nicht hören können; die Lauten und die Dauerredner, die es übertönen; und die Frevler eben, die jede Melodie in die Tonart ihrer Marschmusik zu modulieren verstehen. Doch die finden sich in allen Fraktionen.

Weisheit – die Quelle der Vernunft

Die großen Denker der griechischen Antike nannten ihr Unterfangen, die Welt und die menschliche Existenz zu deuten, *philosophia – Liebe zur Weisheit.* Platon (428–348 v. Chr.), für den alles Philosophieren mit dem Staunen beginnt, bekannte: »Das Staunen ist die Einstellung eines Mannes, der die Weisheit wahrhaft liebt, ja es gibt keinen anderen Anfang der Philosophie als diesen.«[12] Und spätestens sein Schüler Aristoteles (384–322 v. Chr.)

wusste darum, dass die Fähigkeit, weisheitlich zu denken und zu leben, in der Seelen- und Geistesstruktur des Menschen selbst angelegt ist.

Unser Erkenntnisvermögen, so Aristoteles und mit ihm später Thomas von Aquin (1225–1274) und die Philosophen und Theologen der Scholastik, ist als *ratio* und als *intellectus* tätig.[13] Der *intellectus* ist die wahrnehmende, die *ratio* die denkerisch-verarbeitende Tätigkeitsweise unseres Geistes. Um zu Einsichten und Erkenntnissen zu gelangen, schaut der Mensch *intellektual* auf das, was ihm als Wahrheit entgegentritt: auf die Dinge, die Geschehnisse, die verschiedenartigen Realitäten in der Welt um ihn herum; mit dem *intellectus* nimmt er darüber hinaus Gedanken und Argumente in sich auf: Ideen aus der »geistigen Welt«, wie sie uns aus dem Gespräch mit anderen, aus Büchern, aus Bildern oder auch aus dem eigenen Inneren entgegenkommen. Der *intellectus* nimmt weisende Wahrheit wahr. Die *rationale* Tätigkeit der Geisteskraft reflektiert das so Wahr-Genommene. Mit der *ratio* denken wir über das »Geschaute« nach, bringen Einzelnes miteinander in Verbindung, unterscheiden die »Geister«, ziehen Schlussfolgerungen, formen uns daraus die Lehren für das Leben. – Im Zusammenspiel von *beiden* Tätigkeitsweisen der einen menschlichen Geisteskraft entstehen unsere Kenntnisse, unsere Erfahrungen und unsere Überzeugungen.[14]

Als im Zuge der neuzeitlichen Entwicklung in den Geisteswissenschaften dieser Zusammenhang von *ratio* (im deutschen Sprachraum vor Immanuel Kant [1724–1804] »Vernunft« genannt) und wahrnehmendem *intellectus* (»Verstand«) in Vergessenheit zu geraten drohte, wies Friedrich W. J. Schelling (1775–1854) die Gelehrtenwelt darauf hin, dass »die Vernunft, insofern sie sich selbst zur Quelle und zum Prinzip nimmt, keiner *wirklichen* Erkenntnis fähig ist. Denn«, so der deutsche Philosoph, »was ihr immer zugleich zum Seienden und Erkennbaren wird, ist ein über die Vernunft Hinausgehendes, welches sie darum einer *anderen* Erkenntnis, nämlich der Erfahrung, überlassen muss«.[15] Durch Schellings Klarstellungen angeregt, entwickelten im 19. Jahrhundert russische Gelehrte um Wladimir Solowjew (1853–1900) sogar eine eigene *Sophiologie*[16], die im gegenwärtigen »Dilemma der Philosophie«[17] verstärkt auf Interesse stößt.[18]

Ein Mensch, der einseitig rational tätig ist, der das intellektuale Schauen versäumt, wird wie ein Computer mit blockiertem Input. Seine Überlegungen und Urteile kreisen dann im geschlossenen System: Seine Ansichten werden wirklichkeitsfremd, seine Ideen zu Ideologien, zu realitätslosen Ideenwelten, seine Worte zu abstrakten »Zahlen und Figuren« (Novalis). Seine Lehren hinterlassen Leere. Die religiöse wie auch die religionslose Welt, beide kennen diese unheilvolle Geisteshaltung und ihre verheerenden Auswirkungen.

Die weisheitliche Lebensform dagegen entwickelt mit der rationalen auch die intellektuale Fähigkeit des Geistes. Der Weise weiß um die Begrenztheit aller Lehr- und Denksysteme, aller religiösen und aller nichtreligiösen Daseinsdeutungen, aller Urteile und allen Wissens – und bleibt offen für die Realität und für die Wahrheiten vor der Tür seines Geistes.

Zu unserer Seelenstruktur, so lehrte die Scholastik zudem, gehört neben dem Erkenntnisvermögen auch der *Wille*, die Empfindungs- und Entschlusskraft des Menschen. Mit dem Willen als *Entschlusskraft* können wir die *ratio* und den *intellectus* bewusst betätigen. Der Wille agiert freilich nicht unabhängig von der *Empfindungskraft*, von unseren Stimmungen und Emotionen: Vor allem unsere Vorlieben, unsere Wertvorstellungen, unsere Vorentscheidungen und unsere Ängste, ja sogar verborgene Fixierungen (vom Anerkennungsstreben bis zur Autoritätshörigkeit) motivieren die innere Entschlusskraft, Neues, Unbekanntes, fremd Erscheinendes und bisher noch zu wenig Bedachtes in uns aufzunehmen – oder uns dem zu verschließen. Weisheitlich wird der Mensch, wenn er auf die Motive seines Denkens und Handelns achtet, auch in dieser Hinsicht also »die Geister unterscheidet«, und immer wieder von Neuem das Abenteuer eingeht, sich gegen alle Trägheiten und Voreingenommenheiten der immer noch größeren und umfassenderen Wahrheit zu öffnen.

Hinzu kommt als drittes Geistesvermögen die *Gedenkkraft*, die *memoria*, wie die Scholastiker mit Augustinus (354–430) sagten. Das ist die Fähigkeit, innerlich bei dem zu verweilen, was wir intellektual wahrgenommen und rational bedacht haben: das Gehörte und Erkannte »verkosten und verschmecken«, sodass es uns zur »Nahrung« werden kann. Gemeint ist hier eher ein Bedenken als ein Denken: ein Erspüren und Sich-berühren-Lassen. Weisheitlich kann werden, wer der Stille und der Muße in seinem Inneren Raum gibt, damit die Wahrheiten, die das Leben an ihn heranträgt, sich ihm »einverleiben«, in ihm »Fleisch werden« können. Ohne Stille und Muße muss es zu dem kommen, was eine Spruchkarte mit den Worten karikiert: »Die Weisheit läuft dir nach – doch du bist schneller!«

Kultur- und Religionshistoriker sagen heute, das Hören auf Weisheit sei die »original scene«, die »Urszene« in der Entwicklungsgeschichte unserer Gattung auf den Typus des Jetztmenschen hin (Walter Burkert).[19] Dass eine aufrecht gehende Hominidenart zum *homo sapiens*, zum »weisen Menschen«, werden konnte, verdanke sie der Bereitschaft, sich auf die Wahrheit der veränderten Realitäten – zum Beispiel Steppe statt Urwald – eingelassen zu haben; und dass der homo sapiens zum *homo sapiens sapiens*, zum »weisen Weisheitsmenschen«, wurde, sei dem Hören auf die *sapientia* zu verdanken, auf die Weisheit hinter und in allen Realitäten. Das Hören auf Wahrheit sei das »Grundmuster von Religion, Kultur und Gesellschaft – das bis heute gültige« (Georg Baudler).[20] Der Weisheits-Wahr-Nehmung verdanke sich demnach jede Religion und jede Kultur: Sie hat den Hominiden zum Menschen und die Horde zur Gesellschaft gemacht. Sie ist auch heute die Quelle – die einzige Quelle –, aus der die Religionen ihre Glaubwürdigkeit und die Weltanschauungen ihre Redlichkeit zu erneuern vermögen.

Die Weisheit stellt Wahrheit vor uns hin, Wahrheit, die immer schon da ist, *vor* unseren Anschauungen und *vor* unseren Urteilen, *vor* jeder Überzeugung und *vor* jeder Lehre – *vor* jeder Religion und *vor* jeder Weltanschauung. Jeder hat die Begabung, ihr »Lied« zu hören, unabhängig von seiner Bildung und seiner Intelligenz, unabhängig von seiner weltanschaulichen, religiösen und politischen Ausrichtung. Die Weisheit sitzt vor jeder Tür, und jeder kann ihr öffnen. Das eint uns über alle Unterschiede hinweg. Hören auf Weisheit – das ist so etwas wie eine »Fundamentalreligion« in allen Religionen, eine Art *Grundspiritualität des Menschengeschlechts*.

Die Grundspiritualität hinter allen Spiritualitäten

Spiritualität – lateinisch: *spiritualitas* – war einmal ein christliches Wort. Belegt seit dem 5. Jahrhundert, stand es mehr als eineinhalb Jahrtausende lang für eine Lebenspraxis, die vom *spiritus (sanctus)*, vom Heiligen Geist, inspiriert und getragen ist. Als es um die Mitte des 20. Jahrhunderts über die Theologie hinaus gebräuchlich wurde – aus Frankreich kommend (spiritualité), auch im deutschen Sprachraum –, löste es Begriffe wie Religiosität und Frömmigkeit ab. Inzwischen sind die Grenzen des innerkirchlichen Gebrauchs längst überschritten. *Spiritualität* steht heute für Geistigkeit im weitesten Sinne, für jede Art von »Geist«, aus dem ein Mensch lebt, für die ideellen Grundgedanken, von denen er sich in seinem Denken und Handeln leiten lässt. Je nach Herkunft dieser Geistigkeit spricht man von einer buddhistischen, islamischen, jüdischen und christlichen Spiritualität oder nennt Spiritualität das, was man sich als Lebenshilfe aus den verschiedensten religiösen und kulturellen Traditionen zusammengestellt hat. Selbst von einer religionslosen oder atheistisch-humanistischen Spiritualität ist zunehmend die Rede. So geht André Comte-Sponville (geb. 1952), bekennender Atheist und einer der führenden Philosophen Frankreichs, in seinem Buch *L'esprit de l'athéisme* (Paris 2006)[21] entschlossen der Frage nach: »Wie könnte eine Spiritualität für Atheisten aussehen?«[22]

Spiritualität ist zu einem religions- und weltanschauungsübergreifenden Begriff geworden. »Religion ist eine Form der Spiritualität«, schreibt Comte-Sponville angesichts dieser Tatsache zu Recht, »aber nicht jede Spiritualität ist notwendig religiös.«[23]

Mancher christliche Zeitgenosse mag diesen Begriffswandel bedauern. Doch lässt man sich darauf ein, öffnet sich ein Weg zur Gemeinsamkeit unter den Menschen. Denn allen diesen verschiedenen Spiritualitäten liegt jene Haltung zugrunde, die sich in den alten Menschheitstraditionen mit dem Wort Weisheit verbindet: Von welcher Geistigkeit und Geisteshaltung geprägt auch immer – in jedem Fall will sich der *spirituelle Mensch* als ein bewusst lebender, wacher, an der Wahrheit orientierter Mensch verstanden wissen, als einer, der aus dem Hören auf Weisheit heraus denkt und handelt. Allein schon dieser Wille sollte ernst genommen werden.

Wir kommen in unserem »neuen« Europa nicht mehr umhin, nach dem zu suchen, was uns gemeinsam ist. Und nach dem, was Gemeinsamkeit aufbaut. Ich glaube, dass dieses Gemeinsame und Einende – neben dem Faktum, dass wir zuerst Menschen sind, *vor* jeder Religionszugehörigkeit, *vor* jeder Konfession und *vor* jedem weltanschaulichen Bekenntnis – die *Fähigkeit zur Weisheitserfahrung* ist.

Viele Erdenbewohner bringen diese Weisheitserfahrung – ihrer Religion entsprechend – mit Gott oder dem Göttlichen in

Verbindung. Christen – so auch ich – erkennen in ihr das Wirken des Heiligen Geistes, der »vom Vater ausgeht« (Joh 15,26) und uns Menschen »in die ganze Wahrheit führen« (Joh 16,13) will. Andere erklären sie »rein natürlich«, etwa mit dem sozialen Verflochtensein des menschlichen Erkennens. Und wieder andere führen sie auf einen kosmischen Weltgeist zurück, an dem wir alle teilhätten, oder auf das »kollektive Unbewusste«, aus dem ein jeder in den verborgenen Tiefen der Seele wie aus einem ererbten Erfahrungsschatz der Menschheitsgeschichte schöpfen könne. Gemeinsam aber ist uns allen die Fähigkeit, Weisheit – weisende Wahrheit – wahrzunehmen. Und gemeinsam ist uns ebenso, dass wir sie annehmen oder ablehnen oder verdrehen können.

Uns Menschen eint, dass uns das Ohr gegeben ist, das Lied der Weisheit zu hören. Wir sollten uns auf dieses »Grundkapital« besinnen. Im Osten Deutschlands haben wir damit über mehr als vier Jahrzehnte hin gute Erfahrungen sammeln können. Wir kennen gerade aus dieser Zeit vor 1989 – und vielleicht mehr noch aus der Zeit danach – freilich auch das Gegenteil: Wo das Ohr verschlossen ist, eint uns nur noch die nackte Existenz; das aber heißt Rückfall in den gnadenlosen Kampf ums Dasein, Horde gegen Horde und einer gegen den anderen, auch mit den Mitteln der Religion und des Atheismus.

Schon vor einem halben Jahrhundert beklagten so bedeutende Philosophen wie Gabriel Marcel (1889–1973) in Frankreich und Max Horkheimer (1895–1973) in Deutschland den »Untergang der Weisheit« in der Lebens- und Geisteswelt unserer Zeit.[24] Seit mehreren Jahrzehnten ist es vor allem Eugen Biser (geb. 1918), der katholische Religionsphilosoph aus München, der besorgt die Stimme erhebt. In seinen Schriften und Vorträgen hat er wiederholt ausgesprochen, was viele Menschen in Europa – gleich welcher Religion oder Weltsicht – empfinden: Wir haben uns zu sehr im Systemdenken verfangen, in politischer wie in religiöser und weltanschaulicher Hinsicht, und wir sind derart ausgeliefert an die Diktate der Leistungs- und Konsumgesellschaft, dass »das Prinzip der Besinnung, der Zusammenschau und Orientierung unterzugehen droht«.[25] Dem heutigen Menschen werden, so Eugen Biser, »durch den Einfluss der audiovisuellen Medien nicht nur die für sein inneres Gleichgewicht unerlässlichen Primärerfahrungen entzogen und durch surrogathafte Erfahrungsdaten ersetzt«, die Hektik seiner Berufs- und Alltagswelt bringt ihn obendrein auch noch um »jenen Rest von Besinnlichkeit, der für den wirklichen Erfahrungsgewinn unerlässlich ist«.[26] Und dennoch stimmt Eugen Biser in den Chor der Kulturpessimisten nicht ein. Er baut auf die »Wiedergeburt der Weisheit in unserer Zeit«.[27] Sie biete sich der Menschheit – so der Religionsphilosoph – gerade in dieser Stunde der Geschichte, am Beginn des dritten Jahrtausends, als »Therapeutin«[28] an: Nach einem politisch und weltanschaulich extrem widersprüchlichen Jahrhundert will sie uns aus der Enge und der gegenseitigen Abgrenzung in die heilende Weite der gemeinsamen Wahrheitssuche führen.

Ökosophie – die Weisheit im Haus

Um das »Haus Europa« wohnlich zu gestalten, ja um das *oikos* Erde, das *Wohnhaus* aller Erdenbewohner, zu erhalten, brauchen wir mehr als Ökonomie, Ökologie und Ökumene. Wir brauchen, wie der Naturwissenschaftler, Philosoph und Theologe Raimon Panikkar (geb. 1918), der Sohn eines hinduistischen Vaters und einer katholischen Mutter, sagt, eine *Ökosophie*[29] – wir brauchen die Weisheit im Haus.

Die Weisheit ist immer schon die lebensfördernde Begleiterin der Menschheit gewesen, sie allein wird uns auch im gemeinsamen Haus Europa Zukunft geben.

Und sie sitzt schon vor der Haustür. Öffnen kann ihr freilich immer nur der je konkrete Mensch: die Krankenpflegerin, der Hochschullehrer, die Bundestagsabgeordnete, der muslimische Arzt und die christliche Verkäuferin. Spiritualität – als *Lebenspraxis* verstanden – lässt sich weder an »die Kirche« noch an den Staat noch an das Europaparlament delegieren ...

Weisheit – oder *Torheit* und *Frevel*: In dieser Spannung stehen wir auch heute. Fast wäre ich geneigt, zu sagen: Frau Weisheit hat ihre Freunde, in Europa und rund um den Erdball, und Frau Torheit hat die ihren. Doch wenn ich mich frage, auf welche Seite ich selbst gehöre, dann weiß ich um den Frevel eines solchen Urteils. Durch *mich* geht die Scheidelinie hindurch, in mir selbst ist die Spannung zwischen der Kraft der Weisheit und dem Unheil der Torheit. Es gibt die Stunden, in denen die Weisheit das Haus meines Lebens baut, und es gibt die Stunden, in denen ich – zugeknöpft, festgelegt, ängstlich, gestresst und gehörlos – in Torheit niederreiße, was Frau Weisheit gewirkt und gestaltet hat.

Das Lied der Weisheit erklingt, wie schon Salomo erkannt und für die bunte Welt der Religionen und Kulturen Alexandrias wiederentdeckt hatte, tatsächlich in allen Dingen: in Worten und Ereignissen, im Sonnenaufgang und in einem einzigen Regentropfen, im Gesang der Vögel und im Hintergrundrauschen des Universums, in den Dichtungen der Völker und im kritischen Einspruch des Arbeitskollegen, in den Erkenntnissen der Wissenschaften und in den Realitäten, die so sind, wie sie sind, und nicht zuletzt in der Weltanschauung des Andersdenkenden oder im Glauben des Anders-Religiösen.

Zu Recht bemühen wir uns heute um den *Dialog der Kulturen* – bis in die pluralistische Familie hinein. Erfolg bringend jedoch werden alle diese notwendigen Gespräche – ob in weltanschaulichen, ethischen oder politischen Fragen, ob am Stammtisch oder in den Parlamenten – nur in dem Maße sein, wie wir nicht nur gegensätzliche Standpunkte miteinander diskutieren, sondern bereit sind, auf die – vielleicht doch noch tiefer liegende – weisende

Wahrheit zu hören. Zwei Ohren sind dem Menschen gegeben, damit das eine dem Gesprächspartner, das andere der gemeinsamen Partnerin »Frau Weisheit« zugewandt sein kann.

Um im Dialog der Kulturen zu einer »Kultur des Dialogs« (Johannes Rau)[30] zu finden, brauchen wir – das ist mir im Laufe der Jahre klar geworden – mehr als den kleinsten gemeinsamen Nenner in den unterschiedlichen Werte-Vorstellungen und mehr als das so notwendige »Projekt Weltethos« (Hans Küng). Wir brauchen eine *gemeinsame Spiritualität*. Eben jene Grundspiritualität des Menschengeschlechts, die in den Völkern der Erde – wenn auch unvollkommen und nicht von jedem Menschen – seit Jahrtausenden schon als *Hören auf Weisheit* gelebt wird. Nur dann hätte auch das »Projekt Weltweisheit« Zukunft, für das der Kulturjournalist Gert Scobel (geb. 1959) in seinem wegweisenden Buch *Weisheit – Über das, was uns fehlt* (2008) angesichts der heute immer stärker ins Bewusstsein tretenden Komplexität des Lebens wirbt;[31] denn wenn, wie der Autor resümiert, »die Weisheitstraditionen [...] die unterirdischen Flüsse (sind), die unsere verschiedenen Häuser, die Oikonomien unseres Lebens und der Lebensstile miteinander verbinden«[32], dann gilt es nicht nur, aus diesen uralten Flüssen »Weisheiten« zu schöpfen, sondern *das Fließen der weisheitlichen Lebenspraxis selbst* in Gang zu halten: das Hören auf weisende Wahrheit.

Weisende Wahrheit wahrnehmen – das ist eine Spiritualität, eine persönliche und gemeinschaftliche *Lebenspraxis*, eine bestimmte Art und Weise, mit sich selbst, mit den Herausforderungen des Alltags, mit der Welt um uns herum, mit dem Gleichgesinnten und mit dem Andersdenkenden umzugehen. Die verbindende. Die allein menschenwürdige.

III. Mit Jesus gleichziehen – In der Lebensschule des Meisters aus Nazaret

»Viel Lesmeister – aber wenig Lebmeister«, sagt ein altes deutsches Sprichwort. Ich habe bisher nicht herausfinden können, wann und wie es in Umlauf gekommen ist. Ich weiß nur, dass sich große geistliche Lehrer der Christenheit wie Meister Eckhart (1260–1328), Heinrich Seuse (um 1295–1366) und Johannes Tauler (um 1300–1361) im 14. Jahrhundert ausdrücklich als *Lebmeister* verstanden wissen wollten. Und ich weiß, dass es gerade da, wo es um Spiritualität geht, immer beide gibt – bis heute: die Lesmeister eben und die Lebmeister. Ohne Frage, auch bei den Lesmeistern konnte ich einiges fürs Leben lernen, aber letztlich sind es die Lebmeister gewesen, die mich bis ins Herz berührten und Bewegung in mein Leben brachten. Von einigen möchte ich erzählen, von denen vor allem, die mir geholfen haben, in die Lebensschule des Lebmeisters aus Nazaret zu gehen.

Begegnung und Vergegnung

Was ist es, das das Leben zum *Leben* macht, was glücklich sein lässt in lichtvollen Stunden und Halt gibt in den dunklen?

Um darauf zu antworten, habe ich nie lange nachdenken müssen, als Jugendlicher nicht, in der atheistischen Phase meiner Studentenzeit nicht und nicht in den fast dreißig Jahren, die ich im Kloster lebe. Soweit sich mir die Frage überhaupt stellte, die Antwort war immer klar: Es sind die anderen. Menschen neben mir. Und mache ich heute, im achtundfünfzigsten Lebensjahr, jene »untrügliche Probe«, die seinerzeit der jüdische Gelehrte Martin Buber (1878–1965) seinen Lesern empfahl[33], komme ich, wie er, noch immer zu demselben Ergebnis. »Denk dich«, riet Martin Buber, »nur in einen Ursprung hinein, wo du allein wärst, ganz allein auf Erden, und du könntest eins von beiden bekommen, Bücher oder Menschen. Wohl höre ich manchen seine Einsamkeit preisen, aber das bringt er nur fertig, weil es doch die Menschen auf der Welt gibt, wenn auch in räumlicher Ferne. Ich habe nichts von Büchern gewußt, als ich dem Schoß meiner Mutter entsprang, und ich will ohne Bücher sterben, eine Menschenhand in der meinen. Jetzt freilich schließe ich zuweilen die Tür meiner Stube und ergebe mich einem Buch, aber nur, weil ich die Tür wieder öffnen kann, und ein Mensch blickt zu mir auf.«[34]

Obwohl ich das Alleinsein und die Zurückgezogenheit von Jugend an liebe (unter anderem auch, um mich in Bücher zu vertiefen) – ich könnte nicht leben ohne menschliche Beziehungen. »Nicht als hätte ich«, sagt der Bücher-Lesmeister Martin Buber, und auch darin stimme ich ihm vorbehaltlos zu, »viel bessere Erfahrungen mit Menschen als mit Büchern gemacht – im Gegenteil, rein erfreuliche Bücher kommen mir immer noch weit öfter als rein erfreuliche Menschen in den Weg –, aber die vielen schlechten Erfahrungen mit Menschen haben mein Lebensmark genährt, wie es das edelste Buch nicht vermöchte, und die guten haben mir die Erde zum Garten gemacht.«[35] Jeder Mensch, der bisher in mein Leben getreten ist – sei es auch nur für ein paar Tage oder Jahre oder den kurzen Moment eines einzigen Gesprächs –, hat mich reicher gemacht. Selbst diejenigen möchte ich in meiner Biografie nicht missen, zu denen ich, um leben zu können, auf Distanz gehen musste. Und die Freunde, die Verwandten und die Weggefährten, mit denen zusammen ich scherzen und lachen, weinen, klagen und schimpfen kann, mit denen ich Unternehmungen plane, über Gott und die Welt philosophiere oder einfach nur, ganz unverzweckt, »Zeit verplempere« – sie machen die Schönheit meines Lebens aus. So anstrengend sie auch sein können.

»Alles wirkliche Leben ist Begegnung«, las ich als Student in einem Büchlein Martin Bubers.[36] Dieses weise Wort hält bis heute meiner Erfahrung stand. Und ich glaube, wenn es so etwas gibt wie den Schlüssel zum Glück – jedenfalls zu einem Leben mit Tiefgang und in Würde –, dann gehört der jüdische Lebmeister zu denen, die ihn gefunden haben. Er hat ihm den Namen *Begegnung* gegeben.

Der Mensch lebt nicht wirklich, sagt Martin Buber, wenn er nur in Ich-Es-Beziehungen steht, wenn er also nur Dinge und Sachen, Ideen und Ideale, Wörter, Namen und Begriffe zum »Partner« hat. Denn von seinem Wesen her ist der Mensch auch auf Ich-Du-Beziehung angelegt, und erst der Mitmensch, ein Wesen seinesgleichen, kann ihm Partner sein. Alles Suchen und Sehnen nach Liebe und Freundschaft, alles Leiden an der Einsamkeit, an gestörten Beziehungen oder am Verlust eines geliebten Menschen hat in dieser Wesensanlage seinen Ursprung. Beide Beziehungsweisen gehören in unser Leben, die Ich-Du-Beziehung wie auch die Ich-Es-Beziehung. Doch kommt die Ich-Du-Beziehung zu kurz, fehlt uns das *Wesen*tliche. Denn: »... in allem Ernst der Wahrheit, du: ohne Es kann der Mensch nicht leben. Aber wer mit ihm allein lebt, ist nicht der Mensch.«[37] Erst in der Begegnung, im Du-Sagen zu einem, der Ich sagen kann«, ist, so weiß Martin Buber, »die Wiege des wirklichen Lebens«[38] gefunden.

Die Gefahr ist freilich groß, dass auch der Mitmensch wie eine Sache wahrgenommen und als ein Er/Sie/Es behandelt wird. Selbst wenn zwei oder drei einen ganzen Tag lang miteinander arbeiten oder gemeinsam zum Beispiel eine Wanderung unternehmen und dabei sogar stundenlang miteinander reden, kann es geschehen, dass sie nicht einen einzigen Moment einander begegnen. Der andere bleibt »er«, mit dem ich über ein Es, über »dies« oder über »jenes« rede; die andere bleibt »sie«, mit der ich mich über ein Er oder eine Sie, über »den da« und über »die da« austausche. Man redet miteinander und übereinander, aber es kommt nicht zur Begegnung von Person zu Person.

In seinen autobiografischen Aufzeichnungen erzählt Martin Buber, wie er als Heranwachsender nach der Trennung der Eltern unter einem solchen Klima des Aneinandervorbeilebens gelitten habe. Damals habe er begonnen, »es als etwas zu spüren, was nicht bloß mich, sondern den Menschen anging«, und er schreibt weiter: »Später einmal habe ich mir das Wort ›Vergegnung‹ zurechtgemacht, womit etwa das Verfehlen einer wirklichen Begegnung zwischen Menschen bezeichnet war.«[39]

Begegnung und *Vergegnung*: Ich kenne das eine, und ich kenne das andere, aus dem Umgang anderer mit mir und aus meinem Umgang mit anderen.

Das Kostbarste, das in der Welt existiert, in die ich ungefragt hineingeboren wurde – der Mensch neben mir –, bliebe meinem Herzen unbekannt, würde ich die Begegnung mit ihm nicht suchen. Dann wäre da nur das Solo-Ich, einsam und auf sich selbst zurückgeworfen.

Und wonach ein jeder von Kindheit an sich sehnt: Geliebtsein und Liebenkönnen, Vertrauen, Freundschaft, Treue, Vergebung ..., all das bliebe mir dann fremd. Was mit solch hehren Worten benannt wird – mit dem großen Wort Liebe vor allem –, ist ja kein Gegenstand, der nach Bedarf und Belieben genommen und gehabt werden könnte; »die Liebe geschieht [...], sie ist *zwischen* Ich und Du.«[40] Ja, selbst der »Geist ist nicht im Ich, sondern zwischen Ich und Du. Er ist nicht wie das Blut, das in dir kreist, sondern wie die Luft, in der du atmest«.[41]

Mehr noch: Ob ich vor allem mit Dingen und Sachen, mit Ideen und Wörtern umgehe, oder ob ich inmitten der Er/Sie/Es-Welt auch das Du suche – das eine wie das andere macht etwas mit mir. Deshalb gleicht sich mancher seiner Kontoentwicklung an, seinen Karriereplänen, seiner Dogge oder seiner Dogmatik; und andere werden von Menschen geprägt und von der Liebe und dem Geist zwischen Ich und Du. »Mensch, was du liebst, in das wirst du verwandelt werden; Gott wirst du, liebst du Gott, und Erde, liebst du Erden«, dichtete einst Angelus Silesius (1624–1677).[42] Und ob mein Verhältnis zu den Mitmenschen von Begegnung oder von Vergegnung bestimmt ist – es macht etwas mit mir. Deshalb strahlt der eine Offenheit aus, Freiheit, Freundschaftlichkeit und Weite; der andere hat die Enge und den Tod im freundlich maskierten Gesicht.

Das »Grundwort Ich – Du«[43] nicht sagen, hieße, nicht werden können, der ich bin. Denn, so Martin Buber: »Der Mensch wird am Du zum Ich.«[44] Indem ich dem anderen begegne, geschieht auch etwas an mir selbst. Jede, wenn auch nur kurze Begegnung verändert mich. »Mein Du wirkt an mir, wie ich an ihm wirke. Unsere Schüler bilden uns, unsere Werke bauen uns auf.«[45] Ohne die anderen wäre ich nicht, der ich bin.

Begegnung – nie hat dieses Wort in den Schriften Martin Bubers einen fordernden oder gar moralisierenden Klang, ebenso nicht der von ihm »zurechtgemachte« Begriff *Vergegnung*. Beide Worte benennen einfach Realitäten im menschlichen Leben. »Ich habe keine Lehre«, sagte der Autor bedeutender philosophischer und theologischer Bücher einmal von sich selbst, »ich zeige nur etwas. Ich zeige Wirklichkeit, ich zeige etwas an der Wirklichkeit, was nicht oder zu wenig gesehen worden ist. Ich nehme ihn, der mir zuhört, an der Hand und führe ihn zum Fenster. Ich stoße das Fenster auf und weise hinaus. Ich zeige Wirklichkeit ...«[46]

Gottesbegegnung

Mit Martin Bubers »dialogischem Personalismus« bin ich in Berührung gekommen, als ich gegen Ende meiner Erfurter Studienzeit die Diplomarbeit schrieb. Der Professor, der die Arbeit betreute, hatte meinen Wunsch, über Johannes vom Kreuz zu schreiben, auf das Thema hin erweitert: »Gottesbegegnung bei Johannes vom Kreuz und Martin Buber«. Es war die Zeit, in der ich die neue Lebenssicht, zu der ich durch die Schriften des Johannes vom Kreuz gefunden hatte, zu reflektieren versuchte und in meinem Verstand um die »Klarsicht« rang, von der die atheistische Schriftstellerin Eva Strittmatter so faszinierend gesprochen hatte (vgl. S. 12 in diesem Buch). Ich wollte noch gründlicher und tiefer verstehen, was es mit dem christlichen Glauben auf sich hat. Der Philosoph und der Karmelit, der Jude aus dem 20. und der Christ aus dem 16. Jahrhundert, wiesen mir dabei den Weg und begleiteten nun beide eine entscheidende Phase meiner inneren Biografie.

Damals ging mir, noch immer beeindruckt von atheistisch-humanistischen Lebensentwürfen, zum ersten Mal auf, dass die Frage, ob es Gott »gibt« oder ob es Gott »nicht gibt« – eine wichtige Grundfrage für jedes Lebenskonzept –, nicht durch Gottesbeweise oder Gegen-Gottesbeweise entschieden werden kann. Weder Johannes vom Kreuz noch Martin Buber, so erkannte ich bald, leiteten ihren Glauben an Gott von philosophischen Argumenten her. Und sie wären wohl auch nicht durch Argumente gegen die Existenz Gottes in ihrer Glaubensgewissheit erschüttert worden. Ihre »Klarsicht« hatte einen anderen Grund: Sie kannten Gott aus der Erfahrung. Nicht, dass sie so etwas wie eine übernatürliche Gottesschau gehabt hätten; Gott war auch für sie der verborgene, ihrer Sinneserfahrung nicht zugängliche, eben der *geglaubte* Gott. Aber sie wussten darum, dass es etwas mit dem Menschen »macht«, wenn er darauf setzt, dass Gott da ist – und wenn er mit dem Gott *lebt*, an den er glaubt. Das ganze menschliche Dasein bekommt dann eine neue Qualität! Und diese Erfahrung ist es, die zu der Gewissheit führt: Gott ist da! Es *muss* ihn »geben«, wenn der Glaube an ihn eine solche Lebensqualität hervorbringen kann.

Beide, der Jude und der Christ, lebten eine Ich-Du-Beziehung zu Gott. Sie lebten – jeder auf eigene, sehr persönliche Weise – in *Begegnung* mit Gott. Das war es, was mich beim Lesen der ersten

Texte aus den Schriften des Johannes vom Kreuz so sehr berührt und was meinen inneren Atheismus geradezu blitzartig verscheucht hatte. Der spanische Karmelit sprach von einer Art, an Gott zu glauben, die auch ich kannte, die mir aber seit meinem Eintritt in ein kirchliches Seminar – ich komme später darauf zurück – abhandengekommen war. Gott, so erkannte ich nun dank Martin Bubers Reflexionen, war ins »Reich des Es«[47] abgerutscht. Was ich als Beten und Gottesdienstfeiern erlebt hatte, war eher Verrichtung *vor* Gott gewesen als Hören zu ihm hin und Sprechen zu ihm. In den dann folgenden ersten Semestern des Theologiestudiums hatte ich nur noch *über* Gott nachgedacht und *von* ihm sprechen gehört; er war zum Glaubens*gegenstand* geworden, zu einer Komponente in meiner theoretischen Weltanschauung, der religiösen wie dann der atheistischen. Ich war ihm – *vergegnet*.

Bei dem Lebmeister Johannes vom Kreuz habe ich gelernt, wie das geht: von Ich zu Du mit Gott zu leben; vor allem sein häufig gebrauchtes Wort vom »liebevollen Aufmerken zu Gott hin (advertencia amorosa)« hat mir den Weg zur Gottesbegegnung gewiesen. Und Martin Bubers Schriften haben mir geholfen, die Erfahrung mit dieser neuen (oder besser: wiedergefundenen) Glaubens- und Lebensart zu reflektieren, sodass sie nun auch vor meinem kritischen Verstand bestehen konnte. Wenn schon Menschen, denen ich von Ich zu Du begegne, mein Leben reicher machen können, so wurde mir allmählich klar, dann erst recht ein göttliches Du.

Nicht, dass eine solche Gottesbeziehung den Wert menschlicher Beziehungen mindern würde, im Gegenteil: Gerade meine freundschaftlichen Beziehungen bekamen, selbst wenn sie Belastungen erfuhren oder nur »auf Sparflamme« gelebt werden konnten, dadurch Tiefe – und Ewigkeitswert. Und wenn für die menschlichen Beziehungen gilt: »Der Mensch wird am Du zum Ich«, dann trifft dies auch für die Gottesbeziehung zu. Ja dann, so weiß ich heute, wächst am göttlichen Du nicht nur das Ich, sondern auch jedes zwischenmenschliche Ich-und-Du.

In dem Buchexemplar, das ich zum Studium benutzte, habe ich mir damals mit einem großen Ausrufezeichen die folgenden Sätze angestrichen, in denen Martin Buber von der Begegnung mit dem »ewigen Du«[48] schreibt: »Es ist dies, daß der Mensch aus dem Moment der höchsten Begegnung nicht als der gleiche hervorgeht, als der er in ihn eingetreten ist. Der Moment der Begegnung ist nicht ein ›Erlebnis‹, das sich in der empfänglichen Seele erregt und selig rundet: es geschieht da etwas am Menschen. Das ist zuweilen wie ein Anhauch, zuweilen wie ein Ringkampf, gleichviel: es geschieht. Der Mensch, der aus dem Wesensakt der reinen Beziehung tritt, hat in seinem Wesen ein Mehr, ein Hinzugewachsenes, von dem er zuvor nicht wußte und dessen Ursprung er nicht rechtmäßig zu bezeichnen vermag. [...] Die Wirklichkeit ist, daß wir empfangen, was wir zuvor nicht hatten, und es so empfangen, daß wir wissen: es ist uns gegeben worden.«[49]

Martin Bubers Wort: »Alles wirkliche Leben ist Begegnung« bekam seit damals für mich eine noch größere, noch umfassendere Bedeutung; es wurde in meiner (wenn auch bis heute noch immer sehr anfanghaften) Gottesbeziehung zur *Erfahrung*. Und hinter dieses »wirkliche Leben« möchte ich nicht mehr zurück.

Verkörpert fand ich das Leben in Beziehung mit Gott und den Menschen in Jesus von Nazaret. Auch Jesus hatte, wie sein späterer jüdischer Bruder Martin Buber, keine Lehre, auch er zeigte – jedoch wie keiner sonst! – Wirklichkeit: dass aus bloßem Dasein nur durch Begegnung *Leben* wird.

Der Lehrer aus Nazaret

Als ich ihn kennenlernte, war er »der liebe Gott«. In unserer Wohnstube hing ein Kreuz, da war er drangenagelt. In der Kirche hieß der liebe Gott Christus oder Herr Jesus Christus. Von

Weihnachten bis Anfang Februar war er das Jesuskind in der Krippe, und in der Osterzeit stand er als farbenfrohe Holzfigur neben dem Altar, das Auferstehungsbanner in der Hand. Das waren, so wusste ich freilich, nur Bilder von ihm, denn er war ja in den Himmel aufgefahren – vor langer Zeit. Ich glaubte an ihn, wie meine Eltern, wie der Pfarrer und der Kaplan und wie wir alle in der kleinen Kirchengemeinde. Und ich wusste, dass er uns sehr lieb hat. Ich konnte ihm alles sagen, was mich bedrückte. Ich betete zu ihm, dass er alle Menschen beschützen möge, und auf dem Weg zur Schule, dass er meinen Verstand erleuchte. Jesus Christus, der liebe Gott, war mein Beschützer und mein Helfer in den kindlichen Nöten.

Die Fragen kamen bald. Und mit den Fragen die Verunsicherungen. Die erste war fundamental: Gott, den gäbe es überhaupt nicht, sagte uns der Dorfschullehrer in der ersten Klasse. Er sei ja nicht beweisbar. Das hörte ich in den späteren Klassen immer wieder, meistens begründet mit naturwissenschaftlichen Argumenten. Einmal ging ich in meiner Glaubensnot zu unserem Kaplan. Der erklärte mir: »Euer Lehrer hat Recht, wir können Gott nicht beweisen, wir *glauben* an ihn; aber auch der Lehrer kann seinen Atheismus nicht beweisen, er *glaubt*, dass es Gott nicht gibt.« Diese einfache Klarstellung hat fortan meine Lebensphilosophie getragen. Sie bringt auf den Punkt, was auch beste Theologen und Religionsphilosophen, die ich später las und hörte, mit allem denkerischen Scharfsinn im Ergebnis nicht anders zu sagen vermögen. So schrieb der jetzige Papst Benedikt XVI. – schon 1968, wenige Jahre nach der Zeit, als ich meine ersten Glaubenszweifel hatte – in seiner *Einführung in das Christentum*: »Wie es dem Glaubenden geschieht, dass er vom Salzwasser des Zweifels gewürgt wird, das ihm der Ozean fortwährend in den Mund spült, so gibt es auch den Zweifel des Ungläubigen an seiner Ungläubigkeit […]. Er wird der Abgeschlossenheit dessen, was er gesehen hat und als das Ganze erklärt, nie restlos gewiss, sondern bleibt von der Frage bedroht, ob nicht der Glaube dennoch das Wirkliche sei. So wie also der Gläubige sich fortwährend durch den Unglauben bedroht weiß, ihn als seine beständige Versuchung empfinden muss, so bleibt dem Ungläubigen der Glaube Bedrohung und Versuchung seiner scheinbar ein für allemal geschlossenen Welt. Mit einem Wort – es gibt keine Flucht aus dem Dilemma des Menschseins. Wer der Ungewissheit des Glaubens entfliehen will, wird die Ungewissheit des Unglaubens erfahren müssen, der seinerseits doch nie endgültig gewiss sagen kann, ob nicht doch der Glaube die Wahrheit sei.«[50]

Ein zu DDR-Zeiten unter uns Christen beliebter (zugegeben: auch mit ein bisschen Schadenfreude weitererzählter) Witz wusste dieselbe Erkenntnis so zu vermitteln: »Gott sei Dank«, sagt die Bäuerin, »es kommt Regen.« »Aber Genossin«, antwortet der Kolchosvorsitzende, »du weißt doch, einen Gott gibt es, Gott sei Dank, nicht.« »Sicher, Genosse, aber wenn es nun, was Gott verhüten möge, doch einen gibt?«

Heute bin ich froh darüber, dass ich dieses »Dilemma des Menschseins« (s. o.) von beiden Seiten – wenn auch meine atheistische Lebensphase nur ein Jahr dauerte – kennengelernt habe. Beide Anschauungen können nur, so ist mir dadurch klar geworden, zwischen »Anfechtung und Gewissheit« (s. o.) gelebt werden. Und beide können zur soliden Existenzgrundlage werden, wenn sie als das begriffen werden, was sie sind: als ein Glaube, gestützt durch jeweils eigene Gründe der Vernunft. Wir alle sind Glaubende, und die Gewissheit, die über die Anfechtung siegt, hat ihr Fundament nicht im »Wissen«, sondern in der *Erfahrung*, die der Mensch auf seinem jeweiligen *Glaubens*-Weg, dem theistisch-religiösen oder dem atheistischen, macht.

Als ich im Laufe der Kindheitsjahre zwischen Gott und Jesus zu unterscheiden gelernt hatte, hoffte ich freilich noch, bei Jesus von Nazaret die Gottesbeweise zu finden, die meinen christlichen Glauben absichern könnten. Doch solche hat Jesus nie vorgetragen. Er hat, wohl ausnahmslos, zu gottgläubigen Menschen gesprochen; er musste niemandem im jüdischen Volk Gott erst »beweisen«. Und dass er, wie die Bibel erzählt, Wunder gewirkt hat, geboren wurde von einer Jungfrau und am dritten Tag aus seinem Grab auferstanden ist – konnten das Beweise sein für die Existenz Gottes? Setzt es nicht vielmehr den Glauben an Gottes Dasein voraus, um solch unglaubliche Dinge glauben zu können?

Dennoch, dieser Jesus ließ mich nicht mehr los. Den »Gottesbeweiser« habe ich in ihm nicht gefunden. Aber seine Art zu leben, seine Art, mit den Menschen umzugehen, die Freiheit, die in allem zu spüren ist, was er redete und tat, und nicht zuletzt die Art, wie er von dem Gott sprach, an den er so selbstverständlich glaubte – all das berührte mich und bewegte mich, spätestens mit Beginn des Theologiestudiums, sehr tief. Selbst in meinem atheistisch gelebten Jahr verlor er für mich nichts an Faszination, sodass ich den tschechischen Marxisten Milan Machovec (1925–2002) gut verstehen kann, der »mit einer positiven Leidenschaft« im »Meister aus Nazareth« den »Jesus für Atheisten« entdeckte.[51]

Jesus, der anfangs der göttliche Beschützer und Helfer für mich war, wurde mehr und mehr zu meinem Lehrer, zum Lebmeister, der mich in seine Lebensschule nahm. Bei ihm lernte ich erahnen, was *Menschsein* bedeuten kann. Und Christen wie Franz von Assisi (1181/82–1226), Teresa von Ávila (1515–1582) oder Johannes vom Kreuz (1542–1591), aber auch konkrete, lebende Zeitgenossen, denen ich täglich oder wöchentlich begegnete, wurden mir zum Beleg dafür, dass dieser Jesus von Nazaret wirklich Menschen zu *Menschen* machen kann.

Du bist Gott alles wert!

Seine »Lehre« war ganz einfach. Damals in Israel konnte wohl jeder sie verstehen, und Millionen von Menschen verstehen sie bis heute. Sollte ich in wenigen Worten zusammenfassen, wie ich selbst sie inzwischen verstehe, würde ich sie – in meiner Sprache und unter bewusster Vermeidung des gehobenen Kirchendeutsch – etwa so wiedergeben:

Reinhard, so höre ich Jesus sagen, indem er mich anblickt mit leuchtenden Augen, du bist mehr, als du selbst von dir hältst! Du bist nicht der Schönste, nicht der Sportlichste, warst nie der Gesündeste, bist immer geneigt, niedergedrückt und in Sorge zu sein ... Ja, das bist du. Aber schau hin: Das Leben hat dich, genau dich gewollt! Und »das Leben« – das ist mehr als Biologie und Zufall und Naturgesetz. Die große Kraft, durch die alles da ist, was da ist – das ist ein Jemand! Einer mit Verstand und Wille. Und Liebe, schier unglaublicher Liebe! Diesem Großen, den sie alle Gott nennen, dem bist du wichtig! Trau ihm, und leb als der, der du bist. Intensiv, nicht mit Angst und mit angezogener Bremse. Nenn ihn, wie ich, einfach »Abba« – »lieber Vater« oder »liebe Mutter« oder beides zugleich –, oder denk dir den schönsten Namen für ihn aus, den du in deinem Herzen findest. Und trau dich zu denken: Ich, Reinhard, bin sein geliebter Sohn, ihm unheimlich viel wert! Das trau dich auch dann noch, wenn du vor Scham und Selbstanklage am liebsten im Boden versinken wolltest oder du weder dir noch sonst jemandem noch gut sein kannst.

Und, so spricht der Meister aus Galiläa weiter, schau wie mit Gottes Augen die Welt um dich herum an. Mit Verstand und mit entschlossenem Willen. Und mit Liebe, geradezu göttlicher Liebe. Das kannst du, denn nichts weniger als seinen Charakter hast du, sein Sohn, von ihm geerbt. Dann wird diese Welt um dich herum anfangen, anders zu werden ... Ja, es ist wahr: Dann wird in dir auch der Schmerz sehr sensibel erwachen angesichts von allem, was Leben und Würde zerstört; dann wirst du zu leiden haben, am eigenen Leib vielleicht, unter Torheit, Gleichgültigkeit und Lieblosigkeit; dann wirst du die Sehnsucht nicht mehr loswerden, dass die Welt einmal sein möge wie dein Gott ... Und du wirst dir das Herz verbrennen. An der Liebe. Denn Liebe – solche Liebe, wie der Gott des Lebens sie in dich gelegt hat – will Ewigkeit. Dann trau deinem Gott, Reinhard, dass er im biologischen Tod derer, die du liebst, nicht enden lassen wird, was er so verheißungsvoll mit euch begonnen hat ...

Er, Jesus, hat seinem Gott getraut. Ich versuche es. Es gelingt mir mal mehr und mal weniger. Aber eine bessere »Lehre« vom Leben als diese habe ich nirgends gefunden. Sie ist mir zur Spiritualität geworden, zu einer Grundausrichtung, die trägt. Sie »macht« etwas mit mir, bis heute, und das ist mir – als Erfahrung! – auch »Gottesbeweis« genug.

Aber sie war nicht von Anfang an unangefochten. Bis sie mir wirklich zum Lebensfundament werden konnte, musste ich durch ein weiteres Dunkel hindurch. Das legte sich wie eine finstere Wolkendecke über mich, als ich vierzehn Jahre alt war, und es kam – als eine nicht weniger fundamentale Verunsicherung – nicht aus der »ungläubigen«, sondern aus der kirchlichen Welt in mein Leben.

Vom »ambivalenten Gottesbild« zum Gott der Liebe

Ich war gerade, zusammen mit etwa dreißig Jungs im selben Alter, in eines der beiden Vorseminare angereist, in denen man damals in der DDR das Abitur und (als Voraussetzung für das Theologiestudium im Priesterseminar Erfurt) den Abschluss in den Fächern Latein und Altgriechisch erwerben konnte. Am Abend versammelten wir uns in der Hauskapelle, und der Leiter des Internats hielt uns eine Ansprache. Wir seien nun, so begrüßte er uns freundlich, wie die Jünger Jesu, von Gott berufen, Priester zu werden. Wer sich jedoch – und dabei wechselte er den Ton – nicht strikt an die Hausordnung halte, der sei dem Judas unter den Jüngern gleich, und wir dürften sicher sein: »Judas ist in der Hölle.« Ich wusste noch nicht, dass man auch einem Priester nicht alles glauben muss. Ich wusste auch noch nicht, dass dieser Mann durchaus ein grundgutes Herz für uns hatte und dass er zu Drohungen – auch solcher Art – nur griff, weil er sich heillos überfordert fühlte, hundert eng zusammengepferchte Vierzehn- bis Achtzehnjährige zu regieren. Seine Worte jedenfalls trafen mich wie ein Schlag. Die Gottesangst, für religiöse Menschen die schlimmste aller Ängste, wurde zu meiner Begleiterin.

In den Predigten und Vorträgen, die ich fortan hörte, in Büchern, in Gebetstexten oder in den geistlichen Unterweisungen war Gott immer der barmherzige und liebende Gott. Aber er war zugleich auch ein strafender, vergeltender und rächender Gott. Ein Gott mit zwei Seiten. Ein Gott, der mich liebt – und der mich straft, ja es fertigbringt, mich zu verdammen. Gott, das »fascinosum et tremendum«, der faszinierend Anziehende und zugleich furchterregend Schreckliche: So sprachen selbst Theologieprofessoren in der Vorlesung von ihm. Und das eine wie das andere, hörte ich sagen, ließe sich mit der Bibel belegen, mit Texten des Alten wie des Neuen Testaments, ja mit Worten Jesu sogar.

Ich habe diese Gottessicht, die man inzwischen in der Theologie das »ambivalente Gottesbild« nennt, nie wirklich »geglaubt«. Aber meine Seele war dennoch über viele Jahre qualvoll davon belastet, bis hin zu psychosomatischen Auswirkungen. Und mein Leiden fand ich dann später in der Seelsorge bei vielen Menschen wieder, bei Christen jeder Konfession. Ein solcher Gott – wie ebenso die daraus resultierende Sicht vom Menschen – taugt nicht für das Leben! Das war mir immer klar. Ich musste mich von ihm befreien. Und ich hätte ihn nie wieder in mein

Leben eingelassen, wäre da nicht Johannes vom Kreuz gewesen. Sein Gottesbild fand ich, vor allem durch das Studium der neutestamentlichen Exegese und der geistlichen Tradition der Kirche, bei Jesus wieder: Der hatte auch einen Judas nicht verdammt, und er hatte von einem Gott gesprochen, der »seine Sonne aufgehen (lässt) über Bösen und Guten«, und der »regnen (lässt) über Gerechte und Ungerechte« (Mt 5,45; ähnlich: Lk 6,35); sein Gott war ein Gott der Liebe, einer absoluten, bedingungslosen Liebe. Und gerade dadurch ein nicht nur so faszinierender, sondern auch so zur Liebe herausfordernder Gott! Nur in der Begegnung mit einem solchen Gott, das ist mir zur festen Überzeugung geworden, kann der Mensch zum Menschen werden.

Ich hatte nicht mehr daran geglaubt, dass es meine Generation noch erleben würde. Doch dann kam der 25. Januar 2006. Für 13.00 Uhr war schon Tage zuvor die Internet-Veröffentlichung der ersten, seit Monaten erwarteten Enzyklika von Papst Benedikt XVI. angekündigt worden. Pünktlich klickte ich mich zu den Seiten der Deutschen Bischofskonferenz durch. Und dann las ich und las, vergaß die mir heilige halbe Stunde Mittagsruhe, vergaß beinahe auch den Vortrag, den ich um 15.00 Uhr zu halten hatte ...

Er hatte es tatsächlich geschrieben! Viele schon hatten es, seit den Tagen der ersten Christen, gesagt – in den vergangenen Jahrzehnten auch große Theologen wie Karl Rahner (1904–1984) und Eugen Biser (geb. 1918), oder wie Frère Roger Schutz (1915–2005), der Prior von Taizé. Und viele hatten längst schon ausführlicher, manche vielleicht tiefsinniger oder poetischer darüber gesprochen. Auch ich selbst hatte in meinen Vorträgen und wiederholt in Büchern und Zeitschriftenartikeln deutlich zu machen versucht, dass die notwendige Erneuerung des Christentums – im Herzen des Einzelnen wie in Kirche und Gesellschaft – nur möglich werden kann, wenn wir endlich, nach zweitausend Jahren, mit Jesus gleichziehen, mit ihm das »ambivalente Gottesbild« überwinden und seinen Abba-Gott, den Gott der bedingungslosen Liebe zur Mitte unseres Glaubenslebens machen. Vielen Menschen, Christen unterschiedlicher Konfession und manchem Religionslosen sogar, hatte ich dadurch helfen können, das Vertrauen zu Gott und zu sich selbst (wieder) zu finden; einige haben mich deshalb freilich auch als »nicht mehr katholisch« abgestempelt. Aber nun hatte es – tatsächlich – ein Papst gesagt:

»Gott ist die Liebe, und wer in der Liebe bleibt, bleibt in Gott, und Gott bleibt in ihm« (1 Joh 4,16). In diesen Worten aus dem *Ersten Johannesbrief* ist die Mitte des christlichen Glaubens, das christliche Gottesbild und auch das daraus folgende Bild des Menschen und seines Weges in einzigartiger Klarheit ausgesprochen. Außerdem gibt uns Johannes in demselben Vers auch sozusagen eine Formel der christlichen Existenz: »Wir haben die Liebe erkannt, die Gott zu uns hat, und ihr geglaubt« (vgl. 4,16).

Wir haben der Liebe geglaubt: So kann der Christ den Grundentscheid seines Lebens ausdrücken. Am Anfang des Christseins steht nicht ein ethischer Entschluss oder eine große Idee, sondern die Begegnung mit einem Ereignis, mit einer Person, die unserem Leben einen neuen Horizont und damit seine entscheidende Richtung gibt. [...]

In einer Welt, in der mit dem Namen Gottes bisweilen die Rache oder gar die Pflicht zu Hass und Gewalt verbunden wird, ist dies eine Botschaft von hoher Aktualität und von ganz praktischer Bedeutung. Deswegen möchte ich in meiner ersten Enzyklika von der Liebe sprechen, mit der Gott uns beschenkt und die von uns weitergegeben werden soll [...], [einer] Liebe, die Gott dem Menschen in geheimnisvoller Weise und völlig vorleistungsfrei anbietet. [...]

> Wer Liebe schenken will, muss selbst mit ihr beschenkt werden. Gewiss, der Mensch kann – wie der Herr uns sagt – zur Quelle werden, von der Ströme lebendigen Wassers kommen (vgl. Joh 7,37–38). Aber damit er eine solche Quelle wird, muss er selbst immer wieder aus der ersten, der ursprünglichen Quelle trinken – bei Jesus Christus, aus dessen geöffnetem Herzen die Liebe Gottes selber entströmt (vgl. Joh 19,34) ... [52]

Es gibt die lichtvollen Stunden, und es gibt die dunklen. Eine besonders dunkle hatte ich an jenem ersten Abend im Vorseminar erlebt, eine der lichtvollsten acht Jahre später, als mir, ganz unerwartet, Texte des Johannes vom Kreuz unter die Augen kamen und die finstere Wolkendecke zerriss. Der 25. Januar 2006 war – wenn auch für viele Christen noch unerkannt – einer der lichtvollsten Tage in der Geschichte der Kirche. Wie weit und wie tief in die Herzen hinein wird das Licht dieser Sternstunde strahlen?

Wenn ein Tätigkeitswort zum Dingwort wird

Fragt man einen Menschen hierzulande, worüber Papst Benedikt XVI. seine erste Enzyklika geschrieben hat, wird er sagen: Über die Liebe. Alle Medien berichteten es so. Mancher wird vielleicht präziser antworten: Über die christliche Liebe. So steht es auf dem Titelblatt, das die vatikanischen Herausgeber dem Schreiben des Papstes vorangestellt haben – *Enzyklika* DEUS CARITAS EST *von Papst Benedikt XVI. [...] an alle Christgläubigen über die christliche Liebe*. Doch wer auch nur die ersten Abschnitte des gar nicht sehr umfangreichen Textes liest – und so, als würde er das Thema noch nicht kennen –, wird zu einem anderen Urteil kommen: Benedikt spricht über *Gott*, und davon freilich, dass dieser Gott »die Liebe ist«. Das christliche Gottesbild ist sein großes Thema.

Entsprechend hat der Papst – doch wohl sehr bewusst – die ersten Worte gewählt, die üblicherweise einer Enzyklika den Namen geben; sie lauten: »Gott ist die Liebe ...« In diesem Satz, zitiert aus dem Neuen Testament (1 Joh 4,16), ist *Gott* das Hauptwort.

Und über den *Menschen* spricht der Papst, und davon, dass der Mensch – jeder Mensch – mit Gottes Liebe beschenkt ist, ja dass er (was im zweiten Teil des Dokuments ausführlich entfaltet wird) wie Gott zu lieben herausgefordert – und befähigt! – ist. Das christliche Menschenbild ist, angesichts der desaströsen Situation, in der sich die Menschheit gegenwärtig befindet, das große Anliegen des Papstes.

»Engagierte Sorge um den Menschen« und »faszinierte Verkündigung vom liebenden Gott«, so die Schweizer katholische Theologie-Professorin Eva-Maria Faber (geb. 1964), sind der »doppelte Notenschlüssel« zum Verständnis dieser Enzyklika.[53] Nicht die Liebe also ist das eigentliche Thema des päpstlichen Schreibens, auch nicht die christliche Liebe, sondern der, der liebt – Gott – und der, der zum Lieben nach dem Maß dieses großen Liebenden berufen ist – der Mensch.

Wortklauberei? Ganz und gar nicht. Mag man den Inhalt benennen, wie man will, mag man ihm, durchaus ja zu Recht, auch den Titel »über die christliche Liebe« geben – die Art und Weise jedenfalls, wie diese großartige Enzyklika in Gesellschaft und Kirche rezipiert, wie sie weithin verstanden und kommentiert wurde, ist meines Erachtens ein sprechendes Beispiel für ein geradezu typisches Missverständnis, das uns Menschen – uns Christen insbesondere – immer wieder unterläuft: *Wir machen die Liebe zum »Hauptthema«. Wir stellen sie über die Person. Über die Menschen und über Gott.*

Das Größte und Höchste im Leben ist nicht die Liebe. Auch für Paulus nicht. Er gibt ihr lediglich den Vorrang gegenüber dem Glauben und gegenüber der Hoffnung, wenn er an die Korinther schreibt: »Für jetzt bleiben Glaube, Hoffnung, Liebe, diese drei; doch am größten unter ihnen (!) ist die Liebe« (1 Kor 13,13). Der

Höchste ist Gott, und das Größte in Gottes Schöpfung ist der Mensch, der andere und ich. Liebe gibt es nicht ohne Personen, nicht ohne Gott und nicht ohne den Menschen.

Freilich, unsere Sprache selbst führt uns in die Irre. Sie hat zum Dingwort gemacht, was eigentlich nur mit einem Tätigkeitswort benannt werden kann. Liebe als Substantiv ist ein abstrakter Begriff, real ist nur, was in dem kleingeschriebenen Verb *lieben* sprachlichen Ausdruck findet. Und real sind nur die, über die diese »Tätigkeit« ausgesagt werden kann: Personen, die lieben und die geliebt werden, die Liebe schenken und Liebe empfangen. Liebe ist, um noch einmal mit Martin Buber zu sprechen, das »Zwischen« in der *Begegnung*, sie »geschieht«, sie ist »*zwischen* Ich und Du«[54], zwischen Gott und Mensch und zwischen Mensch und Mensch. Das *lieben* geschieht, wo Personen einander begegnen, wo der eine den anderen *wahr-nimmt*: als die Wahrheit, die er ist – in seiner Größe und Kostbarkeit, aber auch in seiner Bedürftigkeit, ja auch in seiner Unvollkommenheit und sogar noch in seiner Boshaftigkeit; und wo einer dem anderen *sich hingibt*: ihm nicht nur irgendein Etwas gibt, sondern sich selbst.

Diese Klarstellung ist für mich alles andere als theoretisierende Sophisterei. Denn ob ich die Liebe oder ob ich Gott und den anderen zum »Hauptthema« meines Daseins mache, daran entscheidet sich meine Spiritualität, und mit ihr mein Leben.

Wenn die Liebe das Größte ist

In der Familie, in der ich aufgewachsen bin, wurde nicht viel über Liebe gesprochen; es gab da eher eine gewisse Nüchternheit, der es nicht anstand, ein solches großes Wort ständig im Munde zu führen. Doch ich wusste immer, dass ich meinen Eltern sehr viel bedeute. Meine Geschwister und ich waren ihnen alles wert, jede Mühe, jeden Verzicht. Und als ich ihnen sagte, ich wolle – entgegen ihrer Erwartung, ich als Ältester würde einmal den Hof übernehmen – gern Priester werden, gaben sie mir alle Freiheit. Es ging ihnen um mich. Und um Gott, an dessen Ruf an mich sie glaubten. Nicht um die Liebe. Aber die Liebe »geschah« zwischen uns – »vorleistungsfrei« (Papst Benedikt, s. S. 49). Miteinander hatten Mutter und Vater nicht selten auch Streit; Anlass dazu gab es im bäuerlichen 24-Stunden-Alltag, der sich nicht in Berufs-, Familien- und Freizeitbereich trennen ließ, genug. Trotzdem spürten wir immer, dass unsere Eltern zusammengehörten. Ihre Liebe zueinander »geschah«, auch wenn sie sich einmal stritten. Es lag ihnen nicht an der Liebe, es lag ihnen alles aneinander. Das hat – nachhaltig – mein Leben geprägt.

Ich habe auch andere Erfahrungen gemacht. So manche Väter und Mütter zum Beispiel habe ich kennengelernt, die »aus Liebe zu den Kindern« den Lebensweg junger Menschen regelrecht programmieren, und andere wieder, die ihren Kindern, in der Meinung, ihnen völlige »Freiheit« zu geben, jede Orientierungsmöglichkeit an Werten und Grenzen vorenthalten. Ihre vermeintliche »Liebe« steht höher als die Persönlichkeit ihrer Töchter und Söhne.

Ich habe Eheleute erlebt, die ihren Partner mit einer »Liebe« umklammern, die ihm die Atemluft nimmt, und andere, die sich einem Freund oder Lebenspartner bis zur Selbstaufgabe unterwerfen, nur um ihre »große Liebe« nicht zu verlieren. Und immer wieder habe ich Menschen erlebt, die über Unrecht hinwegschauen und die Wahrheit verdrehen – um des »lieben Friedens« willen.

Was solche Menschen finden, ist nicht die Liebe, und für die *vermeintliche* Liebe geben sie, gewiss ohne sich dessen bewusst zu sein, das Größere preis: den anderen – und die eigene Würde.

Dass Liebe, vor allem in ihrer erotischen und sexuellen Ausdrucksform, regelrecht zur »Ware« werden kann, wie der Papst in seiner Enzyklika zu Recht beklagt[55], ist ebenfalls eine Folge – die am deutlichsten erkennbare sicherlich – des verhängnisvollen Irrtums, das Größte im Leben sei die Liebe.

Auch in der kirchlichen Welt, in die ich als Vierzehnjähriger eintauchte, lernte ich bald, die Liebe sei das Höchste, und Streit dürfe es in einem christlichen Hause nicht geben. Auch das blieb nicht ohne Wirkung auf mich. Wie viel Mühe wird in Pfarrhäusern, in »gut katholischen Familien«, in Klöstern und geistlichen Gemeinschaften aufgewandt, um nur ja nach außen hin die Fassaden in Glanz zu halten und nach innen hin sich selbst das Gefühl zu bewahren, mit allen in »Einheit« zu sein! Es gibt sie dennoch im christlichen Haus, die mangelnde Fairness des anderen, seine Egozentrik und ihre vielen verletzenden Spielarten – aber das wird ihm »vergeben«, noch bevor er den Ungeist hinter seinem Verhalten erkennt und aufrichtig um Verzeihung bitten kann. Es gibt ihn dennoch, den Streit – aber »die Liebe« deckt ihn zu, bevor er ausgetragen werden kann. Es gibt sie dennoch, die vielen belastenden Folgen mangelnder Eignung eines Mitarbeiters für einen bestimmten Arbeitsbereich, eines neuen Mitglieds für das Leben in einer konkreten Gemeinschaft oder eines Amtsinhabers für einen spezifischen Dienst in der Kirche – aber man lässt ihn an diesem Platz, um ihm »nicht wehzutun« und selbst nicht vor anderen als hart und lieblos zu erscheinen ...

Zurück bleiben dann immer Menschen, denen die »Liebe« der anderen zum Joch wird. So manchem wird zudem die Chance genommen, an der Wahrheit seines Lebens zur Persönlichkeit zu reifen. Und zurück bleiben Menschen, deren vermeintliche Liebe ihnen selbst den Charakter verbiegt. – Ich weiß, wovon ich spreche, denn auch ich habe mich lange von einem solchen Fehlverständnis von »christlicher Liebe« leiten lassen.

Inzwischen ist mir klar geworden: Ist die Liebe das Größte im Leben, hat der Mensch – der andere wie auch ich selbst – das Nachsehen. Und die »Liebe« wird zum Etikett für etwas, das in Wirklichkeit kindisches Harmoniebedürfnis, emotionale Unreife, symbiotisches Klammern, Scheu vor der Wahrheit des eigenen

Schattens, Scheu vor der Begegnung mit dem anderen und Ich-Schwäche heißt. Die Liebe, die Jesus von Nazaret meinte, als er seinen Jüngern und Jüngerinnen sagte: »Liebt einander! Wie ich euch geliebt habe, so sollt auch ihr einander lieben« (Joh 13,34), ist von anderer Art. Sie »geschieht« – als *Frucht der Begegnung* – dort, wo es einem Menschen um den anderen geht, wo er hin zur Person des anderen schaut. Dort, wo der andere das »Hauptthema« ist. Dann ist der Mitmensch selbst die große Kostbarkeit, die es wert ist, gesucht zu werden. Dann ist er es wert, dass ihm sogar die müde gelaufenen und schmutzig gewordenen Füße gewaschen werden, und wenn es nötig ist, auch manchmal der Kopf – wie dem Petrus, dem Jesus zu sagen sich nicht scheut: »Weg mit dir, Satan, geh mir aus den Augen! Denn du hast nicht das im Sinn, was Gott will, sondern was die Menschen wollen« (Mk 8,33).

Auch Gott hat das Nachsehen

Ist die Liebe das Größte im Leben, hat das Nachsehen auch Gott. Wer Gottes Liebe sucht, sucht nicht Gott. Er wird die Erhörung seiner eigenen Wünsche suchen oder das Gefühlserlebnis einer feierlichen Liturgie. Er wird Gottes bedingungslose Liebe mit einem Freibrief für seine unredlichen Verhaltensweisen verwechseln und Gottes Vergebung beanspruchen, ohne sein Verhalten ändern oder wenigstens dessen Ungeist erkennen zu wollen. Er wird in Gebet und Meditation nach innerer »Gotteserfahrung« suchen und doch nur seine introvertierte Selbstbezogenheit meinen ...

Eine solche Haltung kann schließlich, so resümiert Kardinal Walter Kasper (geb. 1933), »zu Esoterik, zu einer vagen, diffusen, frei flottierenden Religiosität, zu einer synkretistischen Beliebigkeits- und Bastelreligion führen, die das Göttliche nicht über uns, sondern narzisstisch in uns sucht«.[56]

Es war Johannes vom Kreuz, der mir für solche Fehlformen des religiösen Lebens die Augen öffnete. In seinem Frühwerk bereits, einem Zettel mit der Berg-Karmel-Skizze (s. S. 114ff in diesem Buch), spricht er von den beiden Wegen des »Geistes der Unvollkommenheit«, die der Mensch geht, wenn er darauf aus ist, durch Gebet, Kontemplation, Gottesdienst und Meditation »vom Himmel Ruhm, Genuss, Wissen, Trost, Ruhe« und »vom Irdischen Besitz, Genuss, Wissen, Trost, Ruhe« zu bekommen. Dadurch aber, so Johannes vom Kreuz, wird Gott instrumentalisiert, und der Mensch pflegt dann mit den Mitteln der Religion nichts anderes als die Begehrlichkeit seines noch unheilen Herzens.

Religiös sein, das ist mir in den dreißig Jahren meiner Seelsorgearbeit sehr stark bewusst geworden, ist nicht schon in sich eine gute Sache. Sind die »geistlichen Übungen« und »spirituellen Wege« von der Absicht geleitet, von Gott etwas *haben* zu wollen, kann der Mensch das Leben – jedenfalls das, das der Lebmeister Jesus angeboten und vorgelebt hat – nicht finden. Die »Liebe Gottes« muss dann reine Floskel und bloße Worthülse bleiben. Man wird dann schnurgerade an Gott – und den Menschen – vorbeileben und sich dazu noch gehörig den Charakter verderben!

In einer Predigt des deutschen Dominikanerpaters Meister Eckhart (1260–1328) las ich jene inzwischen sehr bekannt gewordenen Sätze, die diese Haltung und ihre unheilvolle Wirkung klar und bildstark auf den Punkt bringen: »Manche Leute wollen Gott mit den Augen ansehen, mit denen sie eine Kuh ansehen, und wollen Gott lieben, wie sie eine Kuh lieben. Die liebst du wegen der Milch und des Käses und deines eigenen Nutzens. So halten's alle jene Leute, die Gott um äußeren Reichtums oder inneren Trostes willen lieben; die aber lieben Gott nicht recht, sondern sie lieben ihren Eigennutz.«[57]

Der Münsteraner Theologe Jürgen Werbick (geb. 1946) setzt in diesem Sinne, meines Erachtens zu Recht, ein deutliches Fragezeichen auch hinter die vielfältigen Formen von heutigen »selbstverwirklichungsorientierten Meditationsprogrammen«[58]. »Steht hier nicht«, fragt er in einem Standardwerk der Fundamentaltheologie, »die Verheißung im Vordergrund, bei entsprechender Beherrschung der einschlägigen Techniken könne die Quelle des Göttlichen zu *meiner* Quelle werden, zur Quelle *meines* Glücks, *meines* Reichtums? Ein Blick zurück auf Meister Eckharts Bild der ›Frommen‹, die Gott anschauen mit den Augen, mit denen sie eine Milchkuh anschauen, mag verdeutlichen, wie weit dieses Anzapfen spirituell-mystischer Traditionen sich von solchen Traditionen – nicht nur des Westens, sondern wohl auch des Ostens – entfernt hat.«[59]

Die Begehrlichkeit nach der Erfahrung göttlicher Liebe kann Verstand und Vernunft eines Menschen sogar derart umnebeln, dass er nicht (mehr) imstande ist, Gott das Personsein zuzugestehen. Er wird dann Gott »das Göttliche« nennen, dessen Teil der Mensch für den Augenblick seines Daseins nur sei wie eine »Welle im Meer«, und er wird in Mystik, Meditation und kontemplativem Lebensstil – sich selbst verlierend – das »Einswerden« mit einer vermeintlichen »allesumfassenden Liebe« suchen. Auch Jesus hat im »Einssein« mit Gott, seinem Abba gelebt, und viele Menschen sind ihm bis heute darin gefolgt. Aber seine Mystik ist »dialogisch«, nicht »monistisch«, wie die Theologensprache trefflich unterscheidet. »Ja, es gibt Vereinigung des Menschen mit Gott – der Urtraum des Menschen –, aber diese Vereinigung«, schreibt Papst Benedikt XVI. in seiner Enzyklika und spricht mir auch darin aus dem Herzen, »ist nicht Verschmelzen, Untergehen im namenlosen Ozean des Göttlichen, sondern ist Einheit, die Liebe schafft, in der beide – Gott und der Mensch – sie selbst bleiben und doch ganz eins werden.«[60]

Ein solches Einssein mit Gott sucht nicht Gottes Liebe oder das, was man sich konkret von ihr erwartet, sondern den großen Liebenden – und alle diejenigen, die dieser göttliche Liebende liebt: Im Einssein mit dem Höchsten ist Jesus mit Gott eins in der Hinwendung zu denen, die ihm, dem Höchsten, die Höchsten sind: die Kleinen und die Armen, ja selbst »die Feinde« (Mt 5,43ff) und die »geringsten Brüder« (Mt 25,40/45).

Zweimal auferstehen

Es wird den Tag nicht geben, an dem ich sagen kann: Ich kenne Jesus, und sein Evangelium habe ich bis ins Letzte verstanden. Man lernt nie aus in der Lebensschule des Meisters aus Nazaret. Das aber kann ich sagen, heute und nun im Rückblick auf ein paar Jahrzehnte schon: Er hat meinem Leben, mit Papst Benedikt gesprochen, »einen neuen Horizont und damit seine entscheidende Richtung« (s. S. 49) gegeben. Und immer, wenn ich wieder etwas mehr verstehe, wenn erneut der »Horizont« sich weitet und die »entscheidende Richtung« sich noch klarer zeigt, ist das eine tiefe, beglückende Erfahrung. Eine Frohbotschaft-Erfahrung eben. Es ist dann jedes Mal, um es in Bildern zu beschreiben, wie ein Aufgewecktwerden aus dem Schlaf, wie das Aufstehen am Morgen, wenn ein neuer, an freudigen Ereignissen reicher Tag bevorsteht, wie ein Neugeborenwerden in ein erfüllteres Leben hinein ...

Ich wähle diese Vergleiche ganz bewusst, weil sie biblisch sind und vielen Menschen schon geholfen haben, von dem zu sprechen, was ihnen in der Lebensschule Jesu widerfahren ist. Zudem liegen solche Aufwach-Bilder auch dem Wort *Auferstehung* zugrunde, und dieses besondere »Auf(er)stehen«, die Auferstehung von den Toten, ist ebenfalls ein treffender Vergleich für die Horizonterweiterung, von der ich hier spreche. Wer die Erfahrung, mitten im Leben aus dem »Totenschlaf« geholt worden zu sein, auch nur annähernd kennt, wird selbst diesen Vergleich nicht für übertrieben halten. Marie-Luise Kaschnitz (1901–1974) zum Beispiel hat von der *Auferstehung mitten am Tage* gesprochen. In einem ihrer Gedichte, das den Titel *Auferstehung* trägt, schreibt sie:

»Manchmal stehen wir auf
stehen zur Auferstehung auf
mitten am Tage
mit unserem lebendigen Haar
mit unserer lebendigen Haut
[...] in ein Haus aus Licht.«[61]

Und der Schweizer Dichterpfarrer Kurt Marti (geb. 1921) weiß sich aufgrund solcher Erfahrungen – er nennt sie »Auferstehung auf Erden« – sogar zum *Aufstand* aufgerufen.

In seinem *Osterlied* singt er den »Herren« dieser Welt trotzend ins Gesicht:

»... der Befreier vom Tod [...]
ruft uns jetzt alle
zur Auferstehung auf Erden,
zum Aufstand gegen die Herren,
die mit dem Tod uns regieren.«[62]

In der Tat: Wer es mit Jesus und seiner Sicht vom Leben, von der Liebe, von Religion, von Gott und vom Menschen zu tun bekommt, wird aus der »Grabesruhe« aufgestört. Und er wird, ob es ihm behagt oder nicht, zum Störenfried unter denen werden, die gern weiterschlafen würden.

Ich gehöre nicht zur aufständischen 1968er-Generation, der sich die 1970 entstandenen Verse des Berner Pfarrers verdanken. Ich fühle mich auch nicht bei denen heimisch, die das Christentum seit den Jahren des Zweiten Vatikanischen Konzils von »links« oder »von unten« her revolutionieren wollen, noch weniger freilich bei denen, die nur von »rechts« und »von oben« herab dagegenzuhalten verstehen. Die Befreiungsgeschichte, die ich dem Meister aus Nazaret verdanke, hat mich zu denen in Geschichte und Gegenwart geführt, die durch das Vordergründige und Oberflächliche hindurch zur *Mitte* vordringen möchten, zur Tiefe und zum Wesentlichen, zu dem, was trägt und sich in der Erprobung als Wahrheit erweist. In der Geistesgemeinschaft mit solchen Menschen aber – Johannes vom Kreuz ist einer von ihnen – drängt auch mich die »Auferstehung mitten am Tage« zum »Aufstand«: zum Aufstehen gegen alles vor allem, was Wahrheit durch Ideologie ersetzt, was als »Spiritualität« oder »Frömmigkeit« daherkommt und doch nur auf den »Egotrip« führt, was sich eine »Weisheit« nennt und doch nur Halbwahrheit ist ...

Die Gottessicht Jesu – die nun endlich auch ein Papst wieder ausdrücklich und offiziell »die Mitte des christlichen Glaubens«[63] genannt hat – und das daraus resultierende Menschenbild sind der Angelpunkt meines Denkens und Urteilens geworden.

Und deshalb genügt es mir auch nicht, von der Auferstehung nur im hier genannten Sinne zu sprechen. So treffend, erhellend und ermutigend Worte wie die der Dichterin und des Dichterpfarrers sind – sie können den Horizont, der sich mit Jesus von Nazaret aufgetan hat, auch verstellen. Denn sie werden nicht selten so verstanden, als sei Auferstehung nicht mehr als eine Chiffre für ein Ereignis »auf Erden«, für eine Glaubenserfahrung »mitten am Tage«. Sogar von einigen Theologen mit hohem Bekanntheitsgrad in beiden großen Konfessionen wird diese Auffassung heute vertreten.[64] Jesus selbst aber hat von der *Auferstehung im Tode* gesprochen, vom Aufgewecktwerden aus dem biologischen Tod, und er hat denen, die sich ein Auf(er)stehen in ein Leben bei Gott hinein nicht vorstellen können, entgegnet: »Er [Gott] ist doch nicht ein Gott von Toten, sondern von Lebenden. Ihr irrt euch sehr!« (Mk 12,27).

Augustinus (354–430) noch wusste beides zu verbinden; er sprach von den »due resurrectiones«, den *zwei Auferstehungen*. Die Auferstehung Jesu begründe, so schrieb der Bischof von Hippo, die zweifache Auferstehung des Menschen: die im Leben und die aus dem Tod.[65]

Gott will uns für immer

Dass die Verstorbenen bei Gott sind, dass mir ein liebgewordener Mensch durch den Tod nicht für immer genommen ist und dass auch ich im Sterben das Leben nicht verlieren werde, das gehörte wie selbstverständlich zu dem Glauben, in den ich als Kind und Jugendlicher hineingewachsen bin. Freilich hat mich auch der Zweifel, ob es wirklich so ist, lange Zeit begleitet. Von Kindheit an, seit ich denken kann. Und ich war damit nicht allein. Selbst meine tiefgläubigen Eltern hörte ich manchmal nachdenklich sagen: »Es ist noch keiner zurückgekommen ...«

Die Gründe, die gegen ein Leben über den Tod hinaus sprechen, sind nun einmal offensichtlich. Auf den Punkt gebracht: Wir kennen vom Tod nur die Leiche. Daran ändert auch das seit den 1970er-Jahren immer mehr bekannt gewordene Phänomen der so genannten Nah-Tod-Erfahrungen nichts; es handelt sich ja dabei nicht um *Nach-Tod*-Erfahrungen, sondern eben um *Nah-Tod*-Erfahrungen, die im Zuge der inzwischen gewonnenen naturwissenschaftlichen Erkenntnisse als eine Aktivität des menschlichen Gehirns nachgewiesen werden konnten, also um Erfahrungen noch während des Sterbeprozesses. Auch alle scheinbaren Wiedererkennungsphänomene, die gern als Beweis für die Reinkarnation, die Wiedergeburt der Seele, hergenommen werden, und alles, was sonst noch, gleich aus welchem Kulturkreis, ins Feld geführt wird, kann den Beleg für ein Leben nach dem Tod nicht erbringen. Bei aller gebotenen Offenheit für das Unerklärliche zwischen Himmel und Erde – es bleibt dabei: Wir kennen vom Tod nur die uns, den noch Lebenden, zugewandte Seite.

Haben also nicht doch diejenigen Recht, die im Tod das Ende des individuellen Daseins sehen? Ich habe über die Menschen, die dieser Auffassung sind, jedenfalls nie verächtlich gedacht, im Gegenteil: Ich habe immer jeden bewundert, der zur Endlichkeit seines Lebens steht – und es dennoch (oder gerade deshalb) intensiv lebt.

Im Laufe der Studentenjahre war ich auch selbst dahin gekommen, ein inneres Ja zu der Möglichkeit zu sagen, dass ich einmal nicht mehr sein würde. Dieser Gedanke war in meinem Herzen, ohne dass deshalb mein (wiedergefundener) Glaube an Gott zerbrochen wäre. Wie gut konnte ich damals die Juden im biblischen Israel verstehen! Die alttestamentliche Bibel, so hörte ich in den Vorlesungen, kennt, von wenigen tastenden Denkversuchen in den Spätschriften abgesehen, kein Weiterleben nach dem Tod. Über lange Jahrhunderte hin hatten diese Menschen ohne jeglichen Glauben an eine Weiterexistenz im Jenseits gelebt – und haben dennoch zu dem einen Gott aufgeblickt. Vor seinem verborgenen Angesicht hatten sie zu großer Dankbarkeit für das Leben und zu einer hohen Ethik der Gerechtigkeit und Nächstenliebe gefunden.

So zu denken und zu leben, das imponierte mir. Ein großes, heroisches, ja selbstloses – und »aufgeklärtes« – Lebensgefühl! Aber das schwand schon bald dahin. In dem Maße nämlich, wie ich nicht mehr nur an meine eigene Endlichkeit und an die Sterblichkeit des Menschen allgemein dachte, sondern mir auch zunehmend bewusst wurde, dass ganz konkrete Menschen eines Tages, vielleicht ja schon bald, sterben würden. Menschen, die mir, wie dem Kleinen Prinzen der Fuchs und die Rose, vertraut und einmalig geworden waren. Was ich nun empfand, gibt ein Gedicht von Mascha Kaléko (1907–1975) treffend wieder – es trägt den Titel *Memento*:

»Vor meinem eignen Tod ist mir nicht bang,
Nur vor dem Tode derer, die mir nah sind.
Wie soll ich leben, wenn sie nicht mehr da sind?

Allein im Nebel tast ich todentlang
Und laß mich willig in das Dunkel treiben,
Das Gehen schmerzt nicht halb so wie das Bleiben.

Der weiß es wohl, dem gleiches widerfuhr;
– Und die es trugen, mögen mir vergeben.
Bedenkt: den eignen Tod, den stirbt man nur,
Doch mit dem Tod der andern muß man leben.«[66]

Wenn es etwas Aufständisches in jedem Menschenherzen gibt, einen Aufstand »mitten im Leben«, der durch nichts zu beschwichtigen ist, dann ist es der Aufstand gegen den Tod derer, die uns »nah sind«. Gewiss, der Tod eines Menschen kann für die Zurückbleibenden auch eine Erleichterung sein, und in einer unglücklichen Beziehung sogar eine Befreiung. Doch wo eine Beziehung glückt, wird allein schon der Gedanke, der andere könnte einmal nicht mehr da sein, undenkbar. Dann hat sein Tod auch für denjenigen, der mit guten weltanschaulichen oder religiösen Gründen die Endlichkeit des Lebens grundsätzlich bejaht, ein schreckliches Gesicht. Und dennoch: Auch der leidenschaftlichste Aufstand gegen den Tod eines geliebten Menschen ist kein beweiskräftiges Argument dafür, dass es einen endgültigen Tod nicht geben könne. Mir selbst blieb damals nur der Wunsch, einmal nach denen zu sterben, die mich lieben, damit nicht sie mit meinem Tod leben müssen.

Und das Wort des französischen Philosophen Gabriel Marcel (1889–1973)? In seinem Schauspiel *Der Tote von morgen* (1919) schreibt er: »Einen Menschen lieben, das heißt, ihm sagen: Du, du wirst nicht sterben!«[67] Nicht: du *darfst* nicht sterben!, sagt hier das Herz des Liebenden, sondern: du *wirst* nicht sterben! Nur eine Liebe freilich, die beim anderen nicht »die Liebe« sucht, sondern im Geliebten die Person erblickt, die größer und kostbarer ist als alle Liebe, vermag in einem Menschen die Kraft zu einer solchen Gewissheit freizusetzen. Sie lässt ihn dahin reifen, dass er den Geliebten nicht mehr festhalten will mit dem angstvollen »Du *darfst* nicht sterben!«; er weiß nun vielmehr – ohne zu wissen, wie er es weiß: Du, du *wirst* nicht sterben! Du wirst für immer da sein! Ein so großes, kostbares Wesen *kann* nicht sterben. Auch das nur eine Fiktion? Ein Wunschdenken nur?

Es bleibt dabei: Nichts ist so sicher wie der Tod, und keine noch so starke Liebe hält ihn dauerhaft auf. Das weiß ich. Ich weiß auch, dass das »Ich«, zu dem ich »Du« sage und das mich liebend anblickt, eben keine unsterbliche Seele ist. Sein Tod wird ein Ganztod sein. Mein Aufstand – ein Kampf also gegen Windmühlen? Aber hätte dann nicht doch Sigmund Freud (1856–1939), der Vater der modernen Psychologie, Recht? Als innerhalb von wenigen Wochen nacheinander seine sechsundzwanzigjährige Tochter Sophie und sein vierjähriger, liebster Enkel Heinele starben, notierte er für die Nachwelt: »Niemals sind wir ungeschützter gegen das Leiden, als wenn wir lieben, niemals hilfloser unglücklich, als wenn wir das geliebte Objekt oder seine Liebe verloren haben.«[68] Heißt die tragische, aber realistische Lehre, die daraus zu ziehen ist, nicht: »Liebt euch nicht zu sehr, sonst werdet ihr früher oder später unglücklich«?[69] Oder gibt es irgendeinen Grund, dieser unbändigen Gewissheit, die das *Lieben* schenkt – das ungebremste, leidensmutige Lieben –, dennoch zu trauen?

Ich habe viele Gründe gehört, gelesen, bedacht und mit anderen diskutiert. Keiner konnte genügen. Lange habe ich mich an einem einzigen festgehalten: Wir werden auferstehen, weil Jesus Christus auferstanden ist. So hörte ich es von klein auf in der Kirche, so lernte ich es in allen Fächern der Theologie. Doch der Zweifel, oder richtiger: der heimliche Unglaube, blieb. Wer sagt mir denn, dass Jesus auferstanden ist? Ist nicht die Basis, auf der dieser Argumentation zufolge der Glaube an das ewige Leben des

Menschen gründet, selbst unsicher? Ein Glaube also, der sich auf Unglaubliches stützen muss? Auch mit diesem Zweifel war ich nicht allein. Er begegnete mir in der Seelsorge immer und immer wieder; er begegnet mir bis heute ...

Und bei keinem Geringeren als Paulus, dem großen frühchristlichen Kämpfer für den Glauben an die Auferstehung, fand ich mich bestätigt. An die Gemeinde in Korinth, in der »einige [...] sagen: Eine Auferstehung der Toten gibt es nicht« (1 Kor 15,12), schreibt er klar und unmissverständlich: »Wenn es keine Auferstehung der Toten gibt, ist auch Christus nicht auferweckt worden« (1 Kor 15,13). Paulus argumentiert also umgekehrt! Nicht die Auferstehung Jesu ist der Grund, an die Auferstehung aller Toten zu glauben. Im Gegenteil: Kann ich nicht an die Auferstehung der Toten glauben, so fehlt mir auch die Basis, um an die Auferstehung Jesu glauben zu können. Dieser Gedanke ist für Paulus so wichtig, dass er ihn sofort wiederholt: »(Gott) hat ihn (Christus) eben nicht auferweckt, wenn Tote nicht auferweckt werden. Denn wenn Tote nicht auferweckt werden, ist auch Christus nicht auferweckt worden« (1 Kor 15,15f). Es muss also einen Grund geben, der noch hinter die Auferstehung Jesu zurückreicht. Einen Grund, der mich zu beidem erst berechtigt: zum Glauben an die Auferstehung Jesu ebenso wie zum Glauben an die Auferstehung aller Gestorbenen. Gibt es ihn – oder gibt es ihn nicht?

Paulus hatte einen Grund. Und sein Grund wurde auch der meine. Der Apostel leitet ihn von der Einsicht her, die ihm vor Damaskus geschenkt wurde und die auch für ihn die »Mitte des christlichen Glaubens« (Papst Benedikt, s. S. 49) geworden war: Wenn Gott ein Gott der bedingungslosen und »vorleistungsfreien« (ebd.) Liebe ist, ein Gott, »zu dem wir rufen: Abba, Vater« (Gal 4 u. Röm 8), ein Gott, dem wir Menschen wie Sohn und Tochter sind, dann will er uns für immer! Dann lässt er uns im

Tod nicht ins Nichts fallen. Dann hat er seinen Jesus zum Leben auf ewig auferweckt, und dann weckt er jeden Menschen aus dem Todesschlaf zum Leben auf. Die Gottessicht, die der Meister aus Nazaret in die Welt brachte, ist der Grund, warum auch ich an die Auferstehung Jesu glaube – und warum ich darauf baue, dass mein Leben und das Leben aller, die »mir nah sind«, einem großen Ziel, nicht einem Ende entgegengeht. Der einzige Grund.[70]

Meine »Auferstehung« zum Glauben an die Auferstehung ereignete sich »mitten am Tage«. Sie geschah irgendwann zwischen dem dreiundzwanzigsten und vierzigsten Lebensjahr, ganz allmählich, als sich die Nebel mehr und mehr lichteten, die das Gottesbild noch immer dunkel umhüllt hatten. Erst als ich gelernt hatte, von wenigstens einigen Menschen zu denken: »Du, du wirst nicht sterben!«, ereignete sich der Durchbruch, der meinem Leben »einen neuen Horizont und seine entscheidende Richtung« (s. S. 49) gab. Ich wusste nun: Wenn schon ich – wenn auch nur ansatzweise – zu einem solchen »Denken«, zu einem solchen Lieben fähig bin, dann kann und darf ich es Gott nicht absprechen. Und wenn schon einige Menschen mir sagen: »Reinhard, du darfst nicht sterben – du wirst nicht sterben!«, dann darf ich von Gottes Liebe zu mir nicht kleiner denken. Dann wird Gott nicht sagen, wenn ich siebzig oder achtundneunzig Jahre alt geworden bin: Das war's dann, Reinhard! Dann will er mich für immer.

Die Lebensart Jesu, die christliche Art, Mensch zu sein, ist ein Weg der liebenden Beziehung zwischen Mensch und Mensch und Gott und Mensch. Und dieser Weg hat ein Ziel: das Leben in *vollkommener* Beziehung – für immer.

»Werde ich dann bei Gott auch alle meine Lieben wiedersehen?«, fragte eine Frau den alt gewordenen Theologen Karl Barth (1886–1968). »Ja«, antwortete der, »Sie werden Ihre Lieben wiedersehen, und auch alle Ihre Nichtlieben.«[71]

Im Laufe meiner achtundfünfzig Lebensjahre habe ich viel gelernt und viel gelesen, bedeutende Werke der Religions- und der Philosophiegeschichte studiert, mich mit den verschiedensten Weltanschauungen auseinandergesetzt und zusammen mit den unterschiedlichsten Menschen darüber diskutiert und nachgedacht – doch nirgends ist mir so viel Menschlichkeit und eine solche Höhe und Tiefe von Religiosität begegnet wie bei Jesus von Nazaret. Die Auseinandersetzung mit dem, was uns die ersten Christengenerationen in den neutestamentlichen Schriften von ihm überliefert haben, ist auch für mich, wie Papst Benedikt schreibt, zur »Begegnung mit einem Ereignis, mit einer Person« geworden, »die unserem Leben einen neuen Horizont und damit seine entscheidende Richtung gibt« (s. S. 49). Ich weiß, dass ich zu dieser Art, das Leben zu leben, wie sie in Jesus zum »Ereignis« wurde, nur sehr begrenzt fähig bin. Aber allein schon das Begrenzte, das mir da möglich ist, lehrt mich, dass die Messlatte nicht tiefer gelegt werden darf. Mein Leben wäre zu klein angelegt, hätte ich diese Höhe nicht als bleibende Herausforderung vor Augen.

IV. Inneres Beten – Der kleine Schritt in den lebendigen Glauben

Wer sich heute mit Fragen des geistlichen Lebens beschäftigt, entsprechende Literatur liest oder an Kursen zu Themen der christlichen Spiritualität teilnimmt, wird über kurz oder lang auf das Stichwort *inneres Beten* stoßen. In dem Orden, dem ich angehöre, wird es besonders häufig gebraucht. Schon seit dem 16. Jahrhundert spielt es im Lebensalltag der Karmelitinnen und Karmeliten eine zentrale Rolle, denn in den Schriften Teresas von Ávila (1515–1582), der Gründerin unseres Ordens, begegnet uns dieses Stichwort immer wieder; es ist ein Schlüsselwort zum Verständnis ihrer von der Christusfreundschaft getragenen Spiritualität.

Würden Sie jedoch in unseren Klöstern nach seiner Bedeutung fragen, kann es Ihnen passieren, dass Sie recht unterschiedliche Antworten bekommen. Ähnlich wird es Ihnen gehen, wenn Sie bei Exerzitienbegleitern oder in der spirituellen Seelsorge Tätigen Auskunft erbitten, und nicht viel anders, wenn Sie sich in die geistliche Literatur vertiefen und nun darin nach einer klärenden Antwort suchen. Selbst der Blick in theologische Lexika, in Katechismen oder in Kompendien zur Gebetslehre und zum geistlichen Leben wird Sie in Ihrem Bemühen, definitive Klarheit zu erhalten, unbefriedigt lassen.

Inneres Beten – ein Wort, über dessen genaue Bedeutung man sich nicht so recht einig zu sein scheint, das im religiösen Sprachgebrauch zumindest uneinheitlich verstanden und verwendet wird. Und dennoch: ein Wort mit attraktiver Kraft, auch heute. Christen aus allen Konfessionen fühlen sich von ihm angezogen, unter ihnen auch geistlich Suchende, die ihrer Kirche eher fernstehen. Das erlebe ich persönlich in den Exerzitienkursen zur Einübung ins innere Beten, die seit 1990 im Gästehaus unseres Klosters in Birkenwerder angeboten werden. Die Zahl der Teilnehmer – sie kommen aus allen Kreisen, in denen die christliche Spiritualität Interesse findet – ist von Jahr zu Jahr gewachsen. Die meisten von ihnen wissen zu Beginn der Kurse mit dem Begriff nicht allzu viel anzufangen, sie wissen aber: Es muss sich um etwas Wichtiges, sehr Wesentliches handeln, um etwas »Innerliches« eben, das jenseits des Lauten und Oberflächlichen in Kirche und Gesellschaft in die Tiefe führt.

Die wechselvolle Begriffsgeschichte

Inneres Beten – was ist das? Um darüber Klarheit zu bekommen, bleibt uns nur der Weg, in die geistliche Tradition zurückzuschauen und der Frage nachzugehen, woher dieser »Fachbegriff« der christlichen Spiritualität eigentlich kommt und was man im Laufe der Geschichte des Christentums darunter verstanden hat. Ich denke, eine solche Begriffsklärung ist heute dringend nötig, soll der große Schatz an geistlicher Erfahrung, der sich mit dem jahrhundertealten Wort verbindet, auch für unsere Zeit gehoben werden. In meinem Büchlein *Was ist inneres Beten?*[72] habe ich diese Begriffsgeschichte nachzuzeichnen versucht. Darin kommt, neben konkreten Anregungen durch Texte großer Meister selbst, auch die wichtigste Literatur zur Sprache, die die geistliche Tradition zum inneren Beten hervorgebracht hat.

Der Weg durch die Begriffsgeschichte erweist sich freilich als eine recht wechselvolle *Bedeutungs*-Geschichte, und es ist gar nicht so leicht, zu einer Definition zu finden, die uns ein gültiges und einheitliches Verständnis ermöglicht. Im Wesentlichen sind es vier Bedeutungen, die mir auf dem Gang durch die geistliche Tradition begegnet sind:

Einige Autoren verstehen unter innerem Beten (1.) das stille Gebet des Einzelnen, im Unterschied zum »mündlichen Gebet« mit laut gesprochenen Worten.

Andere (2.) benutzen diesen Ausdruck gleichbedeutend mit »Meditation«, im Sinne der diskursiv-erwägenden und affektiv-einfühlenden Betrachtung biblischer Texte und Glaubensgeheimnisse; meistens meint er in dieser Bedeutungsweise auch die konkrete Betrachtungszeit im Tageslauf klösterlicher und geistlicher Gemeinschaften.

Wieder andere bezeichnen mit innerem Beten (3.) eine »Gebetsstufe«, bei der an die Stelle der laut oder still gesprochenen Worte und an die Stelle des diskursiven und bildhaften Betrachtens die von Gott her und zu Gott hin erwachte schweigende oder wortarme Liebe des Herzens tritt.

Die am häufigsten vertretene und nachweislich *ursprüngliche* Bedeutung ist jedoch folgende: (4.) Inneres Beten – in der lateinischen Kirchensprache »oratio mentalis« – bezeichnet *das Wesen des Betens überhaupt, den personalen Grundakt des betenden Menschen: die bewusste Hinwendung des Ich zum verborgen gegenwärtigen Du Gottes.*

Jede dieser vier Verstehensweisen ist auch heute anzutreffen, in der Literatur wie im mündlichen Sprachgebrauch. Der Blick in die Geschichte zeigt, dass alle vier Bedeutungen ihre Berechtigung haben – wenn man diese Berechtigung aus der Tatsache herleitet, dass sie eben in der geistlichen Tradition vorkommen. Wollen wir jedoch um einen einheitlichen Sprachgebrauch bemüht sein, dann ist eine Option für *eine* dieser Bedeutungen notwendig; und dafür spricht heute angesichts der Tatsache, dass gerade im Bereich der Spiritualität oftmals dieselben Etiketten auf Flaschen verschiedenster Inhalte kleben (ich denke auch an Begriffe wie »Mystik«, »Kontemplation«, »Meditation« etc.), sehr viel! Natürlich möchte ich für die Wortbedeutung optieren, die sich als die ursprüngliche erwiesen und zu der die geistliche Reflexion durch die Jahrhunderte hindurch immer wieder zurückgefunden hat.

Das Bild des Baumes

In unseren Exerzitienkursen verwenden meine Mitarbeiter/innen und ich gern ein Bild, das anschaulich zum Ausdruck bringen kann, was inneres Beten – im ursprünglichen Bedeutungssinn also und so auch bei Teresa von Ávila – meint. Wir malen einen Baum an die Tafel und schreiben an die Äste die verschiedenen Formen, in denen christliches Beten vollzogen werden kann:

- das *geformte Beten* mit einem Gebetstext, auswendig oder aus einem Buch, allein oder gemeinschaftlich;
- das *liturgische Beten*, worunter jede Form von Gottesdienst fällt, vor allem aber die Eucharistiefeier und auch das Stundengebet;
- das persönlich-stille oder gemeinsame *frei formulierte Beten*;
- das *betrachtende (meditierende) Beten*;
- das *schweigende Beten,* das ein Mann aus einfacher Herkunft dem Pfarrer von Ars, Jean-Marie Vianney (1786–1859), mit den treffenden Worten beschrieben hat: »Gott schaut mich an, und ich schaue ihn an«;
- das *rhythmische Beten*, eine Form, bei der bestimmte Gebetsworte wiederholend, eventuell im Rhythmus des Atems, gesprochen werden (Jesus-Gebet, Rosenkranz, Litaneien ...).

Konkrete Einzelformen können dann jeweils als Zweige dem entsprechenden Ast zugeordnet werden.

Das Stichwort *inneres Beten* schreiben wir an den Stamm- und Wurzelbereich und erläutern den Exerzitanten: Inneres Beten meint nicht eine spezielle Gebetsart neben anderen; es bildet nicht einen weiteren Ast an unserem Baum. Mit diesem Wort ist vielmehr das benannt, *was Beten erst zum Beten macht, was Beten und Gebete-Verrichten voneinander unterscheidet.* Im Bild: Inneres Beten entspricht dem Fluss des Lebenssaftes, der aus dem Erdreich über

Wurzeln und Stamm die Äste und Zweige mit Nahrung versorgt, ohne die sie, wenn auch äußerlich noch eine Weile schön anzusehen, »leer« wären und ohne Leben, bald auch ohne Blattwerk und ohne Frucht. Hinter diesem Bild steht die Weinstockrede aus Johannes 15,1–8, die dazu passend meditiert werden kann.

Inneres Beten heißt: sich zu Gott hinwenden von Ich zu Du, »an Gott denken«, sich seine Gegenwart bewusst machen, zu Gott »du« sagen und dieses »du, Gott« auch wirklich meinen. »Meiner Meinung nach«, schreibt Teresa ihren Schwestern, »ist inneres Beten nichts anderes als Verweilen bei einem Freund, mit dem wir oft allein zusammenkommen, einfach um bei ihm zu sein, weil wir sicher wissen, dass er uns liebt.«[73]

In welcher Form (Äste und Zweige) dann diese Hinwendung zu Gott ausgedrückt wird, ist eine nicht unwesentliche, aber zweitrangige Frage. Alle Gebetsformen haben ihren je eigenen, aber doch gleichen Wert im aufmerksamen Umgang mit Gott. Auch kann die eine Form dem einen Menschen mehr, dem anderen weniger »liegen« – so, wie Teresa von Ávila sich mit der Betrachtung schwertat und Thérèse von Lisieux (1873–1897) mit dem Rosenkranz. Fehlt dem Gebet, von welcher Ausdrucksform auch immer, jedoch das innere Beten, so fehlt ihm die »Seele«. Die Aufmerksamkeit ist dann – bestenfalls – auf das Gebet oder den Ritus gerichtet, nicht auf den damit gemeinten Gott! Edith Stein (1891–1942) wird später, ganz im Sinne der geistlichen Tradition, schreiben: »Wo nur Gebetsworte gesprochen werden, ohne daß der Geist sich zu Gott erhebt, da liegt nur dem äußeren Scheine nach, nicht in Wahrheit ein Gebet vor.«[74] Die neue deutsche Heilige wagt sogar zu sagen: »Ein Mensch kann dogmenfest sein, ohne gläubig zu sein, d. h. ohne den religiösen Grundakt einmal vollzogen zu haben, geschweige denn, darin zu leben. Er kann im Sinne der Dogmen sein Leben führen, ohne aus dem Glauben zu leben. Seine Werke können durchaus korrekt sein, aber sie sind nicht wahrhaft um Gottes willen getan und können auch nicht vor Gott wohlgefällig sein.«[75]

Jesus hat dasselbe den Frommen seiner Zeit mit den kritisch-mahnenden Worten Jesajas (vgl. Jes 29,13) in Erinnerung gerufen: »Der Prophet Jesaja hatte recht mit dem, was er über euch Heuchler sagte: *Dieses Volk ehrt mich mit den Lippen, sein Herz aber ist weit weg von mir. Es ist sinnlos, wie sie mich verehren ...*« (Mk 7,6f; Mt 15,7–9).

Inneres Beten – wie geht das?

Inneres Beten hat keine Methode, die man erlernen müsste. Inneres Beten ist selbst die »Methode«, die einzige und allein notwendige, die man »können« muss, um im eigentlichen Sinne ein glaubender Mensch zu sein – ein »von innen her« glaubender Mensch, worauf Jesus so viel Wert legte (z. B. Mk 7,21–23; Mt 23,25ff; Joh 7,38). Es mag viele hilfreiche Methoden für das praktische Gebetsleben geben, sie alle aber beziehen sich auf die Ausdrucksformen des Betens, nicht auf den Grundakt des Betens selbst; und sie alle blieben im Letzten wertlos, wenn ihnen die Grund-»Methode«, eben das innere Beten fehlte.

Was ist es, das da zu »tun« ist? Was geschieht in einem Menschen, wenn er innerlich betet? Vorweg: Inneres Beten ist etwas ganz Einfaches. Jeder kann es (schon). Es ist »ein Weg, der so leicht und so selbstverständlich ist, dass die Luft, die man atmet, nicht selbstverständlicher ist«, sagt Madame Guyon, eine französische Lehrmeisterin des Betens aus dem 17. Jahrhundert.[76] – Was also ist inneres Beten konkret?

Ich versuche, mich einen Augenblick zu sammeln, innerlich ich selbst zu sein, so wie ich mich gerade vorfinde, und denke daran, dass Gott da ist (wenn auch der Wahrnehmung verborgen); dass er um mich herum ist, über mir, unter mir, in mir drin – wie die Luft, die mich umgibt, die mich durchströmt und die mich am Leben erhält. Ich »vergegenwärtige« mir – eine Vokabel, die von den geistlichen Meistern durch die Jahrhunderte hin gern benutzt wurde –, dass Gott Wirklichkeit ist; ich mache mir bewusst, dass der Gott, den ich für wahr halte, an den ich glaube, nach dem ich suche, über den ich nachdenke, so wirklich gegenwärtig ist wie jede andere anwesende Person …

Dann folgt der eigentliche Schritt: Ich rede Gott an, von innen heraus, sodass wirklich ich es bin, der da redet; ich sage »du« zu Gott, zu diesem unfassbar großen Gott, dessen Anwesenheit ich freilich nur »ahnen« kann …

Wie von selbst sagt dann nicht nur der Verstand das »du, Gott«; inwendige Tiefenbereiche »sprechen« mit … Aus dem »du«-Sagen wird eine stille, worthafte oder auch wortlose Zuwendung, ein Sichzublicken, ein »Entgegen-Warten« zu dem großen Geheimnis hin, das mich und alle Existenz umfängt, zu diesem Gott von unfassbarer Größe und Weite, so verborgen und so nahe zugleich … – Eine einfache Übung kann hier sehr hilfreich sein:

Ich schließe die Augen und sage ganz bewusst den Satz: »Ich glaube an Gott«; ich horche in den Sinn der Worte hinein … Näher betrachtet und nachempfunden drücke ich mit diesem kleinen Satz aus, dass ich eine religiöse, theistische Weltanschauung habe; ich bekenne mich damit zu einer bestimmten Welt- und Lebensdeutung, nicht weniger, aber auch nicht mehr.

Ich wiederhole nun diesen Satz noch einmal und füge einen zweiten an, den ich ebenso bewusst spreche: »Ich glaube an *dich*, Gott«; und wieder gehe ich mit diesen Worten mit, versuche, das »an dich, Gott« wirklich zu meinen … Was dabei in mir geschieht, was ich dabei »tue«, was dabei den Unterschied vom ersten zum zweiten Satz ausmacht – das ist inneres Beten.

Übt man sich – nicht nur während besonderer Gebetszeiten, sondern sooft man daran »denkt« – in diese »Vergegenwärtigung Gottes« ein wenig ein, verändert sich das ganze Lebensgefühl. Bisher brachliegende Kräfte der Seele werden wach, man bekommt für alles einen tieferen Blick. Glaube wird eine Lebensweise, ein Mitleben, Mitlieben, Mitleiden mit Jesus und seinem Gott ...

Inneres Beten ist in der Tat ein ganz einfaches, für jeden Menschen vollziehbares »Tun« der Seele, das während der Gebetszeit das Gebete-Verrichten zum Beten macht und während des Tages das Leben und Arbeiten ein Gemeinschaftswerk mit Gott werden lässt.

Inneres Beten braucht ausdrückliche Gebetszeiten. Es lässt sich darauf aber nicht einschränken. Der vertraute und vertrauensvolle Umgang mit Gott ist auch, wie Teresa sagt, in der Küche, »zwischen den Kochtöpfen«[77] möglich und kann zum »immerwährenden Beten« und zum Weg der Freundschaft mit Gott werden, der immer alle in die Freundschaft einschließt, die Jesus Christus »Freunde« (Joh 15,15) genannt hat.

Wer Glauben als *Leben in Beziehung* verstehen und in Gott einen Freund und Weggefährten sehen kann, findet wie von selbst dahin, dass das auch noch so gewöhnliche, oft so »profane« Tagewerk nicht nur vom Gebet umrahmt und Gott »geweiht«, sondern auch mit Gott gestaltet sein will. Gott ist in der »Küche« ebenso da wie im Gebetswinkel oder in der Kirche; ich verweile bei ihm in den Zeiten des Gebets, und ich gehe mit ihm an die Arbeit, treffe meine Entscheidungen mit ihm, lache mit ihm und weine mit ihm ...

Nach Teresas Erfahrung vollendet sich Glaube nicht in der Anbetung Gottes, er wächst darüber hinaus zum »Einssein mit Gott«, das nach ihrem und dem Zeugnis vieler christlicher Mystiker immer auch ein *Einssein mit Gott im Handeln*, die *Hinwendung mit Gott zu seiner Schöpfung* einschließt. So konnte Teresa es auch von ihrem geistlichen Gefährten Johannes vom Kreuz (1542–1591) hören. Er hatte sich dieses Grundprinzip des geistlichen Lebens vom Leben des Dreieinigen Gottes selbst »abgeschaut«, in dem immer *zwei eins sind in der Liebe zum Dritten.*

In welchen »Töpfen« auch immer ich rühre: Inneres Beten ist der Weg in eine neue Art, das Leben zu leben. Deshalb legt Teresa ihren Schwestern ans Herz: »Jemand, der mit dem inneren Beten begonnen hat, soll es ja nicht mehr aufgeben, mag er noch so viel Schlechtes tun, denn es ist das Heilmittel, durch das er sich wieder bessern kann, während ohne es alles sehr viel schwieriger wird.«[78]

V. Gott ist einfühlbar geworden – Geistliche Orientierung an der Doktorarbeit Edith Steins

Edith Stein (1891–1942) ist eine Frau von sechsundzwanzig Jahren, als sie ihr erstes Werk veröffentlicht. Es trägt den Titel *Zum Problem der Einfühlung*[79] und enthält den Hauptteil ihrer Dissertation, mit der sie ein Jahr zuvor, im August 1916, an der Albert-Ludwigs-Universität Freiburg »summa cum laude« zum Doktor der Philosophie promoviert worden war. 1914, noch während der Vorbereitungen auf das Staatsexamen, hatte sie diese Arbeit in Göttingen bei Edmund Husserl (1859–1938), ihrem Lehrer und Doktorvater, begonnen und dann, unterbrochen durch einen freiwilligen Einsatz im Seuchenlazarett Mährisch-Weißkirchen, während ihrer Tätigkeit im Schuldienst in Breslau ab dem Herbst 1915 fertiggestellt. Es sind die Jahre, von denen sie später sagen wird: »Ich hatte in Göttingen Ehrfurcht vor Glaubensfragen und gläubigen Menschen gelernt; ich ging jetzt sogar mit meinen Freundinnen manchmal in eine protestantische Kirche [...]; aber ich hatte den Weg zu Gott noch nicht gefunden.«[80] Vor allem Max Scheler (1874–1928) war in jenen Jahren richtungsweisend für sie. Seine Vorträge in der »Philosophischen Gesellschaft«, einem Kreis von Husserl-Schülern, waren, so schreibt sie rückblickend, »für mich von besonderer Bedeutung, da ich gerade anfing, mich um das Problem der ›Einfühlung‹ zu bemühen«; es war die Zeit, »in der er ganz erfüllt war von katholischen Ideen und mit allem Glanz seines Geistes und seiner Sprachgewalt für sie zu werben verstand. Das war meine erste Berührung mit dieser bis dahin völlig unbekannten Welt. Sie führte mich noch nicht zum Glauben. Aber sie erschloß mir einen Bereich von ›Phänomenen‹, an denen ich nun nicht mehr blind vorbeigehen konnte«.[81] Es handelt sich also um eine Schrift aus der Lebensphase, in der Edith

Stein bereits zu einer grundsätzlichen Offenheit für das »Phänomen Glauben« gefunden hatte[82], was sich an einer nicht unbedeutenden Stelle ihrer Untersuchungen niederschlagen sollte.

Das Erscheinen der wissenschaftlich edierten Neuausgabe dieses Werkes[83] – als Band 5 der *Edith Stein Gesamtausgabe* (ESGA) im Herbst 2008 – fällt in eine Zeit, in der das Thema Einfühlung (Empathie) zunehmend Interesse in der breiten Öffentlichkeit findet. Seit der Entdeckung der so genannten *Spiegelneurone*, der »mirror neurons«, durch den italienischen Hirnforscher Giacomo Rizzolatti Ende der 1990er-Jahre[84] häufen sich in den Medien die Beiträge über die Fähigkeit des Menschen, sich in andere einfühlen zu können. Wir wissen nun um die physiologischen Voraussetzungen, die es ermöglichen, uns eine »theory of mind«, eine Vorstellung von dem, was im Innern unseres Gegenübers vorgeht, zu machen. Es sind die Spiegelnervenzellen in den verschiedenen Zentren des Gehirns, die uns zu »emotionaler Intelligenz«, zu einfühlender Kommunikation und damit auch wesentlich zu »sozialer Intelligenz« befähigen.[85] Was sich Edith Stein damals noch auf dem Weg der philosophisch-phänomenologischen Reflexion erarbeitete, hat seine Bestätigung durch die Neurobiologie und Neurophysiologie gefunden. Gerade deshalb aber dürften ihre auf der Basis von menschlicher Einfühlungs-*Erfahrung* gewonnenen Erkenntnisse heute von großer Bedeutung sein. Leider werden sie in der einschlägigen Literatur bisher noch wenig berücksichtigt.[86] Selbst Joachim Bauer, der als Professor für Neurowissenschaften an derselben Universität lehrt, an der Edith Stein promoviert wurde, greift in seinen (meines Erachtens ausgezeichneten) Veröffentlichungen auf ihre Erarbeitungen nicht zurück.[87] Umgekehrt fehlt freilich auch der derzeitigen Edith-Stein-Forschung noch die interdisziplinäre Auseinandersetzung mit den neueren philosophischen, psychologischen und neurowissenschaftlichen Erkenntnissen zur Einfühlungsproblematik.

Was uns Edith Stein in ihrem wissenschaftlichen Erstlingswerk zu sagen hat – im Folgenden seien die Grundgedanken ihrer Dissertation kurz referiert –, ist nicht zuletzt für das *spirituelle* Leben des Menschen von Bedeutung. Und zwar nicht nur, was die emotionale und soziale, sondern, wie ich zeigen möchte, auch was die »religiöse Intelligenz« im spirituellen Umgang mit der Wirklichkeit des Daseins betrifft.[88]

»Einfühlung« in der Doktorarbeit Edith Steins

Das deutsche Verb »fühlen« (englisch: »to feel«; niederländisch: »voelen«) ist westgermanischer Herkunft und hat die Grundbedeutung von »tasten«. Ursprünglich meint es das Berühren dinghafter Gegenstände; erst im Laufe des 18. Jahrhunderts wird es auch im Sinne des Fühlens seelischer Empfindungen gebräuchlich.[89] Der Münchner Gelehrte Theodor Lipps (1851–1914) und andere Literaten der empirischen Psychologie um die Jahrhundertwende benutzen das daraus hergeleitete Wort »Einfühlung« – in der wissenschaftlichen Definition noch mehr oder weniger unklar – als Fachbegriff für das Bemühen des Menschen, das innere subjektive Erleben, das eigene oder das eines anderen, wahrzunehmen.

Edmund Husserl hatte diesen Terminus aufgegriffen, um ihn für seine phänomenologische Methode der philosophischen Wahrheitsfindung nutzbar zu machen; jedoch hatte auch er noch nicht hinreichend geklärt, was näherhin und wissenschaftlich eindeutig unter Einfühlung zu verstehen sei. Dieser Aufgabe wird Edith Stein sich stellen. In feinsinnigen Analysen, durchwoben von anschaulichen Beispielen, und in Auseinandersetzung mit den Vorgaben von Theodor Lipps und anderen Autoren kommt sie zu einem Ergebnis, das bis heute Gültigkeit hat, wenn auch die phänomenologische Forschung über dieses schwierige Thema – ganz abgesehen von den neurowissenschaftlichen Forschungsergebnissen der letzten zwei Jahrzehnte – weitergegangen ist, nicht zuletzt durch Edmund Husserl selbst.[90]

1. Was meint der Begriff »Einfühlung«?
»Einfühlung«, so definiert Edith Stein einleitend, bezeichnet »eine Grundart von Akten, in denen fremdes Erleben erfaßt wird«.[91] Sie gebraucht diesen Begriff also für bestimmte Wahrnehmungsakte vornehmlich *in Bezug auf andere Menschen*. (Das Einfühlen in das *eigene* innere Erleben nennt Edith Stein mit Max Scheler »innere Wahrnehmung«.[92]) Im Unterschied zur Ein-*Sicht*, die darauf gerichtet ist, die Argumente, die Ideen und denkerischen Konzepte eines anderen (oder die kausalen Zusammenhänge eines Geschehens in Natur und Geschichte) zu erfassen und zu verstehen, meint Ein-*Fühlung* einen Erkenntnisakt – bzw. die Summe von Wahrnehmungsakten –, der *auf das subjektive Empfinden* des anderen, auf dessen inneres Erleben und damit auch *auf seine Persönlichkeit selbst* ausgerichtet ist. Schmerz, Angst, Freude, Ergriffensein, Liebesempfinden, Glücklichsein und Traurigsein, all das macht ja den anderen ebenso aus wie die Gedanken, die er äußert – und all das ist nur durch Einfühlung zugänglich. »Fühlen, und gerade ein-fühlen, ist ein anders geartetes Eindringen in die Welt, die der Mensch als solcher darstellt«, sagt ein Kenner ihrer Philosophie.[93] Mit der phänomenologischen Schule geht es Edith Stein darum, die uns umgebende Wirklichkeit in allen ihren »Phänomenen« (= Erscheinungsformen) zu erfassen und zu erkennen. Zu dieser Wirklichkeit gehört auch, dass – so schreibt sie – »uns fremde Subjekte und ihr Erleben gegeben« sind.[94] Der Zugang dahin aber gelingt nicht durch Ein-Sicht allein, es bedarf dazu der Ein-Fühlung.

So ist die junge Phänomenologin darum bemüht, »Ein-Fühlung neben Ein-Sicht so einzuordnen, daß dem Fühlen auch ein Erkenntniswert zuerkannt werden kann« (Philibert Secretan).[95]

Den konkreten geistigen Vollzug, durch den solches Einfühlen in einen anderen Menschen geschieht, »in größter Wesensallgemeinheit«, so Edith Stein, »zu erfassen und zu beschreiben, soll unsere erste Aufgabe sein«.[96]

Sie löst diese Aufgabe zunächst dadurch, dass sie den Akt des Einfühlens von ähnlichen Erkenntnisakten abgrenzt, die ebenfalls das subjektive Erleben eines anderen zum Gegenstand haben, so vor allem von der »äußeren Wahrnehmung«, vom »Wissen um fremdes Erleben«, vom »Mitfühlen« und vom »Einsfühlen«. Dadurch gelingt ihr eine weitaus gründlichere Differenzierung als in den einschlägigen Veröffentlichungen der Gegenwart, in denen »Einfühlung« durch das meist in seiner Mehrdeutigkeit belassene Wort »Empathie« ersetzt wird. »Hinter dem deutschen Wort Einfühlung, das interessanterweise kaum mehr verwendet wird (weshalb von Empathie die Rede ist) und das ursprünglich aus der romantischen Ästhetik kommt«, so bemerkt der Erfurter Philosoph Eberhard Tiefensee (geb. 1952), »steht eine reichhaltige Auseinandersetzung besonders in der damaligen phänomenologischen Philosophie, an der sich so große Geister wie Edmund Husserl, Edith Stein und Max Scheler beteiligt haben und die bis in die heutige Zeit reicht.«[97]

Äußere Wahrnehmung, so Edith Stein, »ist ein Titel für die Akte, in denen raum-zeitliches, dingliches Sein und Geschehen mir zu leibhaftiger Gegebenheit kommt«.[98] Auf diese Weise kann ich – am Beispiel des Schmerzes demonstriert, den ein anderer erleidet – die schmerzliche Miene des Betreffenden wahrnehmen. Die Einfühlung aber hat den Schmerz selbst zum Gegenstand.[99] Ähnlich verhält es sich mit dem *Wissen* um fremdes Erleben: In diesem Fall weiß ich durch die Mitteilung des anderen um seinen Schmerz; der Schmerz selbst aber bleibt mir wiederum fremd, er ist mir als »leeres Wissen [...] auf Grund einer Mitteilung«, nicht aber »anschaulich gegeben«.[100]

Einfühlen ist auch anders geartet als das *Mitfühlen*. Mitfühlend versetze ich mich – hier wählt Edith Stein als Beispiel die Freude eines Studenten über ein bestandenes Examen – in das Ereignis des guten Prüfungsausganges, also in das, »worüber er (der Mitstudent) sich freut«[101]; ich freue mich mit ihm mit an diesem Ereignis. Einfühlung dagegen heißt, die Freude selbst wahrnehmen, die der Student in sich hat: »Einfühlend erfasse ich seine Freude, [...] indem ich mich in sie hineinversetze.«[102]

Ebenso sind Einfühlen und *Einsfühlen* zwei verschiedene Akte. Wenn ich mich am selben Ereignis oder am selben Objekt erfreue, an dem ein anderer sich erfreut, kann das dazu führen, dass nicht mehr nur ich und er, sondern wir uns freuen, dass *wir* uns also eins-fühlen in der Freude am selben Ereignis. Aber auch das ist ein Vorgang, bei dem der Erkenntnisakt auf das gemeinsame Objekt der Freude, nicht aber auf die Freude des anderen selbst gerichtet ist. Doch »nicht durch das Einsfühlen erfahren wir vom andern, sondern durch das Einfühlen«, wobei freilich »durch Einfühlung [...] Einsfühlung und Bereicherung des eigenen Erlebens möglich (wird)« oder werden kann.[103]

Wir haben es bei der *Einfühlung* also mit »eine(r) Art erfahrender Akte sui generis« zu tun: »... die Einfühlung, die wir betrachteten und zu beschreiben suchten, ist Erfahrung von fremdem Bewußtsein überhaupt.«[104]

2. Wie geschieht Einfühlung?
Im Anschluss an diese Begriffsklärung geht Edith Stein der Frage nach, *wie* sich ein solches Einfühlen in »fremdes Bewußtsein« vollzieht. Dabei nimmt sie ebenfalls einige Abgrenzungen vor:

Nach der *Nachahmungstheorie*, mit der Theodor Lipps gearbeitet hatte, kommt die »Erfahrung von fremdem Seelenleben« dadurch zustande, dass ich die Handlung eines anderen oder seine Reaktion auf ein entsprechendes Widerfahrnis – im Beispielsfall die an ihm »gesehene Gebärde« – nachahme (»wenn nicht äußerlich, so doch ›innerlich‹«), um auf diese Weise die dadurch ausgedrückte innere Erfahrung nachzuempfinden.[105] Doch ich komme »auf dem angegebenen Wege nicht zu dem Phänomen des fremden Erlebnisses, sondern zu einem eigenen Erlebnis, das die fremde gesehene Gebärde in mir wachruft«.[106]

Wie die Nachahmung, so führt auch die damit verwandte *Assoziation* nicht zu wirklichem »Erfassen von fremdem Seelenleben«; in diesem Fall schließe ich aus den Empfindungen, die ich selbst bei einer bestimmten Gebärde habe oder hatte, auf die Empfindungen des anderen. Edith Steins Beispielsfall: »Ich sehe jemanden mit dem Fuß stampfen, es fällt mir ein, wie ich selbst einmal mit dem Fuß stampfte, zugleich stellt sich mir die Wut dar, die mich damals erfüllte, und ich sage mir: so wütend ist der andere jetzt.«[107] Nicht das Empfinden des anderen, sondern die eigene, in Erinnerung gerufene Empfindung habe ich auf diese Weise in den Blick bekommen – und obendrein in den anderen hineinprojiziert.

Ähnliches gilt für den *Analogieschluss*, der lediglich aus dem Wissen, dass normalerweise bestimmten äußeren Verhaltensweisen bestimmte innere Empfindungen entsprechen, auf das seelische Erleben des anderen schließt. So zutreffend dies im Einzelfall sein kann, muss doch bedacht werden: »Der Analogieschluß tritt an Stelle der vielleicht versagenden Einfühlung und ergibt nicht Erfahrung, sondern eine mehr oder minder wahrscheinliche Erkenntnis des fremden Erlebnisses.«[108]

Die Einfühlung, wie Edith Stein sie versteht, nimmt einen anderen Weg. Doch der ist nur schwer zu »definieren«. Er ist zwar abgrenzbar gegenüber ähnlichen Erkenntnisakten, aber positiv nur unzureichend »fassbar« in definierenden Sätzen. *Wie* Einfühlung vor sich geht, lässt sich letztlich nur »beschreiben«, und die beschreibenden Worte sind dabei wie Fenster, durch die wir hindurchblicken müssen auf die gemeinte Wirklichkeit. Solche Fenster zum Verständnis von Einfühlung finden wir in Worten wie: »einfühlendes Hineinversetzen«[109], »Erfahrung von fremdem Bewußtsein«[110] oder »Einempfinden«[111], in Sätzen wie: »Einfühlend [...] ziehen wir keine Schlüsse, sondern haben das Erlebnis als fremdes im Charakter der Erfahrung gegeben«[112] und: »Die Einfühlung [...] setzt als erfahrender Akt das Sein unmittelbar und sie erreicht ihr Objekt direkt«[113], oder wenn Edith Stein den einfühlenden Erkenntnisakt als eine Wahrnehmung beschreibt, »in der ich bei dem fremden Ich bin und sein Erleben nachlebend expliziere«.[114] Joachim Bauer wird vom Akt der Einfühlung als einer »intuitiven Wahrnehmung« sprechen; er schreibt: »Die Spiegelaktivität von Nervenzellen für die Vorstellung von Empfindungen erzeugt im Beobachter ein intuitives, unmittelbares *Verstehen* der Empfindungen der wahrgenommenen Person.«[115]

3. Was wird durch Einfühlung wahrgenommen?

Nach und nach zeigt sich in Edith Steins Erarbeitungen, dass das Erkenntnisobjekt des Einfühlungsaktes, das »fremde Erleben«, verschiedenartige Inhalte haben kann. Entsprechend der Verfasstheit des Menschen als einer Einheit von Körper, Seele und Geist kann es sich dabei um ein *körperliches, psychisches oder geistiges Erleben des anderen* handeln. Edith Stein widmet daher zwei der drei Kapitel ihres Buches sehr ausführlich der Reflexion über die Wesenskonstitution des Menschen, den sie als »psychophysisches Individuum« (Kapitel III) und zugleich als »geistige Person« (Kapitel IV) betrachtet, um dadurch zu noch detaillierteren Beschreibungen des Einfühlungsaktes zu gelangen. So spricht sie zum Beispiel von »einfühlende(r) Vergegenwärtigung«[116] in Bezug auf das *Körper*-Erleben des anderen (wie etwa das Erleiden physischer Schmerzen), von der »Empfindungseinfühlung« bzw. der »Einempfindung«[117] in seine *seelischen* Gefühle und Empfindungen (wie etwa Freude oder Angst) und von »nachlebendem Verstehen« oder »einfühlendem Erfassen«[118] seiner *geistigen* Erlebniswelt.

Im Bereich des geistigen Erlebens, das aufgrund der Leibverfasstheit des Menschen natürlich immer mit dem psychophysischen Erleben in Verbindung steht, eröffnet sich dem Einfühlenden nun »ein neues Objektreich: die Welt der Werte«.[119] Es begegnet mir die ganze »Welt der Geschichte und der Kulturen«[120], von der dieser Mensch geprägt ist und die er selbst – wie auch immer – mitprägt und mitgestaltet, eben die ganze *Welt der Werte*, in denen er denkt, fühlt und handelt. Es begegnet mir aber auch und vor allem *der Mensch selbst* in seinem ureigenen Wert. Einfühlung führt zu einem »Wertfühlen, in dem uns die Person des anderen gegeben ist«[121]. Edith Stein schreibt: »Wie in den eigenen originären geistigen Akten die eigene, so konstituiert sich in den einfühlend erlebten Akten die fremde Person.«[122] Es ist letztlich der andere selbst, der durch Einfühlung wahrgenommen wird.

Edith Stein scheut sich nicht, in diesem Zusammenhang – mittendrin in der nüchternen Sprache wissenschaftlicher Analyse – von solchem Akt der Einfühlung als von einem »Akt der Liebe«[123] zu sprechen: Im »Akt der Liebe« vollzieht sich »ein Ergreifen bzw. Intendieren des personalen Wertes«[124]; und sie führt aus: »Wir lieben eine Person nicht, weil sie Gutes tut, ihr Wert besteht nicht darin, daß sie Gutes tut (wenn er auch vielleicht daran zutage tritt), sondern sie selbst ist wertvoll und ›um ihrer selbst willen‹ lieben wir sie.«[125]

4. Wodurch wird Einfühlung möglich?
In diesem Zusammenhang arbeitet Edith Stein ein entscheidendes Kriterium heraus: Einfühlung gelingt nur in dem Maße, wie eine seinsmäßige Entsprechung zwischen meinem Wesen und dem Wesen des anderen besteht; sie spricht vom gleichen »Typos«, der gegeben sein muss, damit ich mich in ihn einfühlen kann.[126]

Einfühlung wird mir also grundsätzlich nur in den »Typos ›Mensch‹«[127] gelingen. Da dieser Typos Mensch aber zumindest in seiner körperlichen Beschaffenheit anderen Lebewesen ähnlich ist, kann ich mich in einem gewissen Grade auch in die Schmerzen eines Tieres einfühlen. »Je weiter wir uns (allerdings) vom Typos ›Mensch‹ entfernen, desto geringer wird die Zahl der Erfüllungsmöglichkeiten.«[128] Und weil im Bereich des Geistes »jede einzelne Person selbst schon Typus ist«, werde ich mich andererseits nur insoweit in eine andere Person einfühlen können, als ich selbst Person geworden bin: »Nur wer sich selbst als Person, als sinnvolles Ganzes erlebt, kann andere Personen verstehen«; sonst »sperren wir uns ein in das Gefängnis unserer Eigenart; die andern werden uns zu Rätseln oder, was noch schlimmer ist, wir modeln sie um nach unserem Bilde und fälschen so die [...] Wahrheit«.[129]

5. Was bewirkt Einfühlung im Einfühlenden?

Durch Einfühlung nehme ich die andere Person wahr, in ihrem ureigenen Wert und mit der Wertewelt, die sie sich zu eigen gemacht hat. Das aber hat auch eine Rückwirkung auf mich selbst zur Folge: Im Einfühlen in den anderen konstituiert sich in mir, dem Einfühlenden, ein neues Ich. »Jedes Erfassen andersartiger Personen«, so Edith Stein, »kann zum Fundament eines Wertvergleichs werden«[130]; der einfühlend wahrgenommene Mitmensch – in seinem Wert und mit seinen Werten – »klärt uns [...] über das auf, was wir mehr oder weniger sind als andre«.[131] Denn indem »wir einfühlend auf uns verschlossene Wertbereiche stoßen, werden wir uns eines eigenen Mangels oder Unwerts bewußt«.[132]

Es trifft ganz und gar Edith Steins persönliche Situation zur Zeit der Arbeit an ihrer Dissertation – ich denke hier an ihre Begegnungen mit Max Scheler, aber auch an ihre Beziehungen zu Anna (1884–1953) und Adolf Reinach (1883–1917) und zu Hedwig Conrad-Martius (1888–1966) –, wenn sie als Beispiel für diese Erfahrung nüchtern notiert: »So gewinne ich einfühlend den Typ des ›homo religiosus‹, der mir wesensfremd ist, und ich verstehe ihn, obwohl das, was mir dort neu entgegentritt, immer unerfüllt bleiben wird.«[133]

6. Ist Einfühlung auch in Gott hinein möglich?
Am Schluss ihres Erstlingswerkes stellt Edith Stein eine Frage, die in einer solchen Arbeit zunächst überrascht: »Wie steht es nun aber mit rein geistigen Personen ...?«[136] Das heißt: Ist Einfühlung auch in Gott hinein möglich? Solche Überlegungen seien, so hatte sie schon früher eingeräumt, »unabhängig vom Glauben an die Existenz Gottes möglich«[135], und grundsätzlich hatte sie diese Frage bereits positiv beantwortet: Einfühlend »erfaßt der Mensch das Seelenleben seines Mitmenschen, so erfaßt er aber auch als Gläubiger die Liebe, den Zorn, das Gebot seines Gottes ...«[136] Ja, sie hatte Gott selbst als einer rein geistigen, nicht an die natürliche psychophysische Kausalität gebundenen Person die Möglichkeit zuerkannt, sich in den Menschen einzufühlen: »... und nicht anders vermag Gott sein (des Menschen) Leben zu erfassen«, wobei »Gott als im Besitze vollkommener Erkenntnis [...] sich über die Erlebnisse der Menschen nicht täuschen (wird), wie sich die Menschen untereinander über ihre Erlebnisse täuschen«.[137]

Wäre es dann auch möglich, dass die Einfühlung in Gott auf den einfühlenden Menschen Ich-konstituierend zurückwirkt? »Es hat Menschen gegeben«, so konstatiert die Phänomenologin, »die in einem plötzlichen Wandel ihrer Person das Einwirken göttlicher Gnade zu erfahren meinten, andere, die sich in ihrem Handeln von einem Schutzgeist geleitet fühlten.«[138] Edith Stein lässt die Antwort auf diesen Aspekt ihrer Frage offen: »Ob hier echte Erfahrung vorliegt [...], wer will es entscheiden?«[139] Und sie beschließt ihre Doktorarbeit mit den Worten: »Jedenfalls scheint mir das Studium des religiösen Bewußtseins als geeignetes Mittel zur Beantwortung unserer Frage, wie andererseits ihre Beantwortung von höchstem Interesse für das religiöse Gebiet ist. Indessen überlasse ich die Beantwortung der aufgeworfenen Frage weiteren Forschungen und bescheide mich hier mit einem ›non liquet‹ [= es ist jetzt nicht zu klären].«[140]

Einfühlung als Grundakt des geistlichen Lebens

Ich möchte nun im zweiten Teil meines Beitrages dort ansetzen, wo die Doktorandin der Phänomenologie aufgehört hat: bei der Frage nach der Bedeutung des Einfühlungsaktes »für das religiöse Gebiet«. In Form einiger Thesen möchte ich darzustellen versuchen, wie ihre Erarbeitungen für die christliche Spiritualität, insbesondere für die Gottesbeziehung, fruchtbar gemacht werden könnten – wohlwissend freilich, dass Einfühlung als ein notwendiges Element zu *jeder* Spiritualität gehört, gleich, von welcher religiösen oder nichtreligiösen »Wertewelt« der spirituelle Mensch geprägt und erfüllt ist.

1. Im Zentrum der jüdisch-christlichen Glaubenstradition steht nicht eine Lehre über Gott, sondern der als Person geglaubte Gott Israels; daher ist nicht Ein-Sicht allein, sondern Ein-Fühlung erst der ihm gemäße Grundakt des menschlichen Glaubensvollzugs.

Der historische Ausgangspunkt für das christliche Gottesbild und seine bleibende theologische Grundlage, die in der Geschichte des Christentums leider oft vergessen worden ist, liegt im Glauben des jüdischen Volkes, dem auch Edith Stein angehörte. Unsere »älteren Schwestern und Brüder« (Johannes Paul II.) glauben gemeinsam mit uns Christen daran, dass hinter allem, was lebt und was da ist, eine »höhere Macht« steht: ein Gott, der Ursprung von allem ist, und dem sich das Dasein von Augenblick zu Augenblick, unser Leben von Pulsschlag zu Pulsschlag verdankt. Dieser Gott ist der *einzige* Gott (vgl. Dtn 6,4), so war man spätestens seit dem 5. Jahrhundert v. Chr. in Israel überzeugt; und er ist ein *personaler* Gott – nicht eine bloße »allesumfassende Energie«, wie viele Menschen in unserem Kulturkreis heute glauben, sondern ein Gott, der von sich »ich« sagen kann und den wir Menschen als »du, Gott« anreden können.

Im Zentrum der jüdisch-christlichen Glaubenstradition steht also nicht eine *Lehre* über Gott, sondern die *Person Gottes* bzw. die drei Personen in Gott *selbst*: nicht die Lehre der Kirche, sondern der, über den die Lehre der Kirche reflektiert, nicht die Theo-Logie, sondern der personale Theos selbst. Das Christentum – wie auch das Judentum – ist zudem, wie im deutschen Sprachraum der katholische Theologe und Religionsphilosoph Eugen Biser (geb. 1918) immer wieder betont, »keine primäre, sondern eine sekundäre Schriftreligion«[141]; das heißt: Wir, die Juden und die Christen, glauben nicht an ein von Gott diktiertes Offenbarungsbuch (Verbalinspiration), sondern an seine *Selbst*offenbarung in Schöpfung und Geschichte hinein, die als menschliche Erfahrung und »durch Menschen nach Menschen Art« (Vatikanum II)[142] in den Heiligen Schriften Niederschlag gefunden hat. Im Zentrum unseres Glaubens steht nicht die Bibel, sondern der, von dem die Bibel spricht.

Der menschliche Grundakt des »glaubens« – glauben als Tätigkeitswort kleingeschrieben – besteht folglich nicht allein in der Ein-Sicht in Glaubenswahrheiten, sondern darüber hinaus und zuallererst in der Hinkehr zur Person Gottes, das heißt in einem Akt der persönlich-existenziellen Ich-Du-Beziehung. Thomas von Aquin (1225–1274), der durch seine Schriften auch Edith Steins Lehrer geworden ist, hat deshalb den »religiösen Akt im eigentlichen Sinne« im *Beten* gesehen: »oratio est proprie religionis actus.«[143]

Wenn dem aber so ist, dann entspricht erst die von Edith Stein beschriebene Einfühlung dem gottgemäßen Verhalten des

Menschen. Auch die noch »ungläubige«, aber dem »Phänomen Glauben« gegenüber aufgeschlossene Philosophin hat, wie oben gezeigt, die Möglichkeit der Einfühlung in Gott als einer »rein geistigen Person« grundsätzlich bejaht. Offen blieb für sie die Frage, »ob hier echte Erfahrung vorliegt« (s. o.), ob also – hier zunächst unter philosophischem Aspekt betrachtet – die menschlich eingefühlte Erfahrung »Gott« durch objektive Wirklichkeit gedeckt ist. Aber diese Frage wird, wenn in wahrheitsliebender Redlichkeit an Gott geglaubt wird, immer offen bleiben müssen.

2. Einfühlung ist ein Wesensaspekt des inneren Betens.

Schon die Theologen der Väterzeit haben das Beten, den »religiösen Akt im eigentlichen Sinne« (Thomas von Aquin, s. o.), als eine »Erhebung« oder »Hinwendung des Geistes zu Gott« beschrieben, als »elevatio mentis in Deum« und »intentio mentis ad Deum«.[144] Die hierbei verwendete Vokabel »mens« steht im Sprachempfinden der Lateiner für Denkkraft, Verstand, vernunftbegabter Geist, Bewusstsein, aber auch für Herz, Seele, Gemüt, Wille und Leidenschaft, also für das Gesamt der Geistes- und Seelenvermögen des Menschen. Der daraus hergeleitete Begriff »oratio mentalis«, der im deutschen Sprachraum seit dem 14. Jahrhundert mit dem Terminus »inneres Beten« wiedergegeben wird und vor allem durch Teresa von Ávila (1515–1582) als »oración mental« in die Sprache der christlichen Mystik Eingang gefunden hat, meint nicht eine spezielle Gebetsform neben anderen, sondern den Kern des Betens überhaupt (s. S. 68ff. in diesem Buch). Inneres Beten – Edith Stein wird diesem Begriff im Kloster als einem zentralen Stichwort der karmelitanischen Spiritualität begegnen – meint ein Beten »von innen her«, ein »bewusstes« Beten, ganz gleich, ob es der Form nach mit oder ohne Worte, laut oder still im Herzen, betrachtend oder bittend/dankend/lobpreisend, als Liturgie oder »in deine(r) Kammer« (Mt 6,6) vollzogen wird. Es ist ein Beten, durch das der Mensch der Gottesliebe Ausdruck verleiht, von der Jesus mit einem Zitat aus dem Ersten Testament (Dtn 6,5) sagt, dass sie – gleichrangig mit der Nächstenliebe – das wichtigste aller Gebote sei und »mit ganzem Herzen und ganzer Seele, mit all deinen Gedanken und all deiner Kraft« (Mk 12,30 par.) vollzogen werden solle.

Edith Stein hat die Einfühlung als einen »Grundakt« in der Beziehung zu anderen Personen beschrieben und als einen »Akt der Liebe« bezeichnet (s. o.). Einfühlung wird also wesensmäßig auch zum Akt der Gottesliebe gehören müssen und damit zum inneren Beten, durch das sich die Liebe zu Gott verwirklicht. Einfühlend erst geht es mir wirklich um den anderen, in diesem Fall um Gott, um *seinen* »Wert«, um *seine* Person. Unsere Frömmigkeit ist sonst in der Gefahr, zu jener utilitaristischen »Milch-und-Käse-Frömmigkeit« zu verkommen, die schon Meister Eckhart (1260–1328) in sehr klaren Worten gebrandmarkt hat (s. S. 56 in diesem Buch). Die Gottesliebe verwirklicht sich im inneren Beten, das innere Beten aber ist wesentlich Einfühlung.

Konkret wird sich Einfühlung in Gott in der Form des *betrachtenden* Betens verwirklichen, das eher ein Hören als ein Reden ist, ein »Verkosten« und »Schmecken« des Wortes Gottes, wie die spanischen Mystiker sagen; vor allem aber – so Johannes vom Kreuz – im »liebevollen Aufmerken«[145] in den verborgen-gegenwärtigen Gott hinein.

3. In Jesus von Nazaret ist Gott einfühlbar geworden.
Es ist christliche Glaubensüberzeugung von den frühkirchlichen Gemeinden an, dass Gott in Jesus von Nazaret Mensch geworden ist. Das (»Große«) *Credo* der Konzilien des 4. und 5. Jahrhunderts nennt Jesus »Gott von Gott«, »wahrer Gott vom wahren Gott« und »eines Wesens mit dem Vater«. Das aber bedeutet, auf unser Thema angewandt: Gott hat sich uns als eine menschli-

che Person einfühlbar gemacht. Ist Gott in Jesus, wie das Konzil von Chalcedon (451) formuliert, »in allem uns gleich geworden, außer der Sünde«[146], dann ist er, in Edith Steins Worten ausgedrückt, der »Typos ›Mensch‹« geworden, mit der gleichen psychophysischen und geistig-personalen Verfasstheit wie wir. Was Edith Stein über die Einfühlung in den Mitmenschen erarbeitet hat, gilt dann ausnahmslos auch in Bezug auf den Mensch gewordenen Jesus Christus.

Mit ihrer Frage, ob im Einfühlungsakt in Gott hinein »echte Erfahrung« aufgenommen wird, hat Edith Stein sicherlich nicht nur (wenn überhaupt) den grundsätzlichen philosophischen Zweifel an der objektiven Erkennbarkeit Gottes vor Augen gehabt, sondern wohl vor allem das anthropologisch-psychologische Problem, dass wir Menschen, eingesperrt »in das Gefängnis unserer Eigenart«, uns andere Personen – in diesem Fall Gott – »(um-)modeln nach unserem Bilde« (s. o.). Um gerade dieser Gefahr der Projektion allzu »menschlicher« Vorstellungen in Gott hinein zu entgehen, hat unter vielen anderen die Kirchenlehrerin der Mystik, Teresa von Ávila, so vehement auf der unumgänglichen Notwendigkeit der »Betrachtung des Menschseins Jesu« im geistlichen Leben bestanden.[147]

Im Menschen Jesus von Nazaret ist Gott einfühlbar geworden – authentisch in seinem »Wert« und mit seinen »Werten«.

4. Erst im Zusammenspiel von historisch-kritischer Exegese und einfühlender Jesus-Beziehung begegnet mir die »Welt der Werte« Jesu und der »Wert« Jesus.
Seit Erscheinen der Enzyklika *Providentissimus Deus* im Jahre 1893 bekennt sich die Katholische Kirche zur historisch-kritischen Exegese, das heißt zu einer Bibelauslegung, die wissenschaftlich-kritisch nach dem ursprünglichen – sprich: »historischen« – Sinn der biblischen Texte fragt. »Der Schrifterklärer (muss), um zu erfassen,

was Gott uns mitteilen wollte, sorgfältig erforschen, was die heiligen Schriftsteller wirklich zu sagen beabsichtigten und was Gott mit ihren Worten kundtun wollte«, heißt es später in den Dokumenten des Zweiten Vatikanischen Konzils.[148] Mit einem Schreiben der Päpstlichen Bibelkommission zur »Interpretation der Bibel in der Kirche« von 1993[149] hat Johannes Paul II. die Notwendigkeit dieser Vorgehensweise noch einmal in Erinnerung gebracht und jede grundsätzliche Ablehnung der historisch-kritischen Methode als Ablehnung der »Geheimnisse der Inspiration der Heiligen Schrift und der Menschwerdung« zurückgewiesen;[150] die Kirche nehme, so der Papst, »den Realismus der Menschwerdung ernst, und daher misst sie dem historisch-kritischen Studium der Bibel große Bedeutung zu«.[151]

Die biblischen Texte haben ein Recht darauf, so gelesen und verstanden zu werden, wie sie in ihrer ursprünglichen Aussageabsicht gemeint sind. Gerade auch bezüglich der Schriften des Neuen Testaments ist uns in den vergangenen Jahrzehnten auf diese Weise ein reicher Schatz an Erkenntnis geschenkt worden, der uns hilft, das Leben und die Botschaft Jesu tiefer und authentischer zu verstehen.

Anfragen an eine gewisse *Vereinseitigung* der historisch-kritischen Exegese sind durchaus berechtigt. Meines Erachtens besteht die Vereinseitigung jedoch vor allem darin, dass man in der Glaubens*verkündigung* und im *persönlichen Glaubensleben* bei der (grundsätzlich richtigen und notwendigen!) Frage »Was hat Jesus wirklich gesagt, was hat er wirklich getan?« stehen bleibt. Das aber hieße, im Sachbereich des Glaubens stehen bleiben. Die im 20. Jahrhundert wohl härteste, wenn auch versöhnlich-konstruktiv formulierte Anfrage an das Christentum kam diesbezüglich von einem Theologen aus dem Volke Edith Steins, von dem jüdischen Religionsphilosophen Martin Buber (1878–1965): In seiner Streitschrift *Zwei Glaubensweisen*[152] wies uns Buber darauf hin, dass wir

Christen im Allgemeinen zu einer Glaubensform abgesunken seien, die sich mit dem gehorsamen Annehmen eines »satzhaft umschriebenen Wissens« begnüge, statt im *Beziehungs-Glauben* zu leben. Hinzukommen muss also die Frage: Wer bist *du*, Jesus? Sie muss *betend*, gerichtet an den Christus heute, der der Jesus von damals ist, gestellt werden. Dies aber erfordert einen *Akt der Einfühlung*. Die Frage heißt dann konkret: Wer bist du, Jesus, wie denkst du, wie fühlst du, wie bist du in deinem Herzen, wenn du so und so gesprochen hast, das und das getan hast? Einfühlend horche ich *hinter* seine Worte und hinter seine Taten, in die Person des redenden und handelnden Jesus selbst hinein. Einfühlend erst werde ich ihm wirklich gerecht. Etwas poetischer ausgedrückt, lädt uns Jesus ein:

Schau hinein
in das Innere meines Herzens
meiner Person
meines Wesens
bleib nicht stehen
beim Äußeren

horche
hinter meine Worte
die Geist sind und Leben
horch auf die Wirklichkeit
hinter den Vokabeln

frage
hinter meine Taten
die Zeichen sind und Offenbarung
frag nach dem Warum und Weshalb
hinter dem Wie

blicke
hinter meine Wunden
die Heil sind für euch
blick in die Verlassenheit
hinter dem Kreuz

lausche
hinter das Grab
das Auferstehung ist und Ewigkeit
lausche in meine Gegenwart
hinter eurem Gebet

geh hinein
in das Geheimnis meines Herzens
das war und das ist
in die Tür
zu der Liebe
die euch umfängt

Beide Erkenntnisweisen, die historisch-kritische und die einfühlende, gehören zusammen und ergänzen einander. Das Bemühen um die Erkenntnis der ursprünglichen Aussageabsicht eines Textes allein bleibt rein »sach«-orientiert; Einfühlung allein kann leicht dahin führen, dass ich mich aufgrund der zu flach oder gar falsch verstandenen Texte in eine Scheinpersönlichkeit einfühle, die der Wirklichkeit weder des »historischen« noch des »kerygmatischen (verkündigten)« Jesus Christus entspricht. Erst im Zusammenspiel von historisch-kritischer Exegese und einfühlender Jesus-Beziehung begegnet mir die »Welt der Werte« Jesu und der »Wert« Jesus selbst.

Die Frage, inwieweit die Evangelien aufgrund ihrer Entstehungsgeschichte denn überhaupt noch einen authentischen Zugang zur ursprünglichen Botschaft Jesu und zu seiner historischen Persönlichkeit möglich machen, wird inzwischen in der Bibelwissenschaft mit zunehmendem Konsens positiv beantwortet;[153] freilich ist und bleibt sie weiterhin das Thema eben dieser historisch-kritischen Methode in der Theologie der Kirche – ein notwendiges Thema, gerade um der »Echtheit« der Einfühlung willen.

5. Nicht durch Ein-Sicht, sondern durch Ein-Fühlung in Jesus konstituiert sich im Glaubenden der »neue Mensch«.
Was Edith Stein schließlich über die Rückwirkung sagt, die das Einfühlen in eine andere Person auf den Einfühlenden selbst zur Folge hat, ist bezüglich der Einfühlung in Jesus Christus immer schon erkannt und bestätigt worden. Bereits die Vergöttlichungslehre der Vätertheologie, nach der »Gott Mensch wurde, damit der Mensch Gott werde«, ist von dieser Erfahrung her geprägt. Johannes vom Kreuz, der ebenfalls durch seine Werke Edith Steins Lehrer sein wird, hatte wohl dieselbe Erfahrung gemeint, als er schrieb: »Die Liebe schafft Ähnlichkeit zwischen dem Liebenden und dem Geliebten«[154]; für den spanischen Mystiker aus dem 16. Jahrhundert ist das ein »principio fundamental indiscutible«[155], ein nicht mehr hinterfragbares Grundprinzip, das sein ganzes Denken bestimmte.

Nicht allein durch Ein-Sicht in die Glaubenswahrheiten der Kirche also, sondern darüber hinaus durch Ein-*Fühlung* in den in Jesus Mensch gewordenen Gott konstituiert sich der »neue Mensch«.

»Spiegelzellen zu haben, die tatsächlich spiegeln«, schreibt der Neurobiologe Joachim Bauer, »gehört zu den wichtigsten Utensilien im Gepäck für die Reise durch das Leben.« Da jedoch »eine Grundregel unseres Gehirns« lautet: »›Use it or lose it.‹ – Nervenzellen, die nicht benutzt werden, gehen verloren«, gelte auch, so der Freiburger Gelehrte: »Spiegelaktionen entwickeln sich nicht von allein, sie brauchen immer einen Partner.«[156] Edith Stein fand diesen »Partner« in ihren Kommilitonen und Freunden, in ihren Lehrern und Schülern – und im Fortgang ihres Weges leidenschaftlicher Wahrheitssuche schließlich in dem in Jesus Christus einfühlbar gewordenen Gott.

VI. Der Weg hat ein Ziel – Grundzüge christlicher Spiritualität nach Johannes vom Kreuz

Ein religiöses Leben führen ist nicht schon in sich etwas Gutes. Man kann mit Gebet, Meditation und sonstigen »geistlichen Übungen« seiner Seele auch großen Schaden zufügen, sich den Charakter verderben und anderen zur Belastung werden.

Johannes vom Kreuz (1542–1591), der Gefährte Teresas von Ávila bei der Gründung ihres neuen Ordens, gehört zu den Menschen in der Geschichte des Christentums, die aus dieser Tatsache keinen Hehl machten. Er nannte die Fehlformen des religiösen Lebens in der Kirche seiner Zeit klar beim Namen und hatte einen wachen Blick für Frömmigkeitspraktiken und Glaubensauffassungen, die sich unheilvoll auswirken. Und er wusste all dem eine gesunde Spiritualität aus dem Geist des Evangeliums entgegenzusetzen. Pius XI. hat ihm deshalb 1926 die Autorität eines Kirchenlehrers zugesprochen. Wer sich in die Schriften dieses Meisters vertieft, wird darin verlässlichen Rat, kritische Wahrhaftigkeit und gediegene Orientierung auf das Wesentliche und Echte hin finden.

Auch ich konnte von ihm lernen, was »an Gott glauben«, was »geistlich leben« ist und was es nicht ist. Er hat mir geholfen, meinen eigenen Glaubensweg zu verstehen, seelische Erfahrungen zu deuten, die Augen für das Wesentliche zu öffnen, Zusammenhänge zu erkennen, Einzelnes ins Ganze einzuordnen, Echtes von Pseudoreligiösem zu unterscheiden, spirituelle Methoden und Wege auf das letzte Ziel hinzuorientieren. Selbst »atheistisch« Denkende, so lehrt mich die Erfahrung in der Weitergabe seiner Theologie und Spiritualität, entdecken heute in seinen Werken, wie ehrlich und menschlich Gott zur Antwort auf die großen Fragen nach Ziel und Sinn des Lebens werden kann. Sein schriftliches Vermächtnis ist zugleich eine ausgezeichnete Schule, um geistliche Begleitung und Seelsorge zu lernen.

Dem Ziel entgegengehen

Hinter allem, was Johannes vom Kreuz lehrte, schrieb und lebte, steht so etwas wie ein Gesamtentwurf von Spiritualität, eine Gesamtschau des Lebens im Licht der Frohbotschaft Jesu.[157]

Fray Juan de la Cruz – so sein spanischer Ordensname – betrachtet das menschliche Leben von dem Ziel her und auf das Ziel hin, das die neutestamentliche Offenbarung vorgibt. Bibelstellen wie: »Wir wissen, dass wir ihm ähnlich sein werden« (1 Joh 3,2) und: »... damit ihr [...] an der göttlichen Natur Anteil erhaltet« (2 Petr 1,4) deutet er, ganz im Geist der Vätertheologen, so: »Das, was Gott beansprucht, ist, uns zu Göttern durch Teilhabe zu machen, wie er es von Natur aus ist, so wie das Feuer alle Dinge in Feuer verwandelt.«[158] An der Seite Gottes Gott sein – in freier dialogischer Partnerschaft, nicht in monistischer Identität –, das ist die Zukunft, zu der hin der Mensch unterwegs ist.

Die Vokabel »Gott« hat dabei einen wiederum der christlichen Glaubenslehre konsequent entsprechenden Inhalt. »Gott« ist Begriff für eine Gemeinschaft, für das trinitarische Geheimnis Vater, Sohn und Heiliger Geist. Gott – das sind drei, die in der Liebe »eins« sind. Nicht nur ein »Du, Gott« ist das Gegenüber des betenden Menschen, sondern ein »Ihr, meine Drei!«, wie Elisabeth von Dijon (1860–1906), eine der großen geistlichen Töchter dieses Heiligen, später beten wird.[159]

Diesem Gott nun wird der Mensch ähnlich werden. Im Status seiner Vollendung wird er wie eine jede der drei göttlichen Personen sein, ihrem »Charakter« gleich – so zuwendungs- und liebesfähig wie Gott, so wahr, so kreativ: »Der Mensch wird an Gott selber teilnehmen, zugesellt der Heiligsten Dreifaltigkeit, mitwirkend deren Werke.«[160] Mit den göttlichen Drei in vollendeter persönlich-personaler Beziehung leben, zugleich aber auch allen Menschen so vollendet zugewandt sein können, wie die göttlichen Drei einander zugewandt sind: Das ist die von Gott gedachte, letztendliche Zukunft des Menschen.

Johannes vom Kreuz lebt mit seinen Schwestern und Brüdern und allen, die er als Seelsorger begleitet, nicht dem Ende des Lebens, sondern einem großen Ziel entgegen. Von dieser Zukunft her deutet er das Leben. Er weiß: Alles Suchen und Sehnen, Ringen und Streben des Menschenherzens ist Ausdruck eines Entwicklungsgeschehens auf dieses Ziel hin. Die Erschaffung des Menschen ist noch nicht beendet. Der Kontrast zwischen seiner jetzigen Verfasstheit und dem, was nach biblischer Verheißung aus ihm werden soll, lässt Johannes vom Kreuz das Leben als einen Prozess der »Umformung in Gott hinein«[161] verstehen: Der Mensch erlebt mit, wie Gott ihn als sein »Abbild« (Gen 1,26) formt, und er ist aufgerufen, dabei mitzuwirken.

Mystik und Freundschaftlichkeit leben

Weil dieser Seelsorger um das Ziel wusste, kannte er auch den Weg: Es kommt darauf an, himmelsfähig zu werden, sich in das Reich Gottes – und das heißt auch für ihn: in das *Reich der Beziehung* – einzuleben, beziehungsfähig zu werden nach dem Maße Gottes, beziehungsfähig zu Vater, Sohn und Geist, zu jedem Mitmenschen, zu aller Schöpfung. Darin besteht für Johannes vom Kreuz der Sinn aller Frömmigkeit, der Zweck aller »geistlichen Übungen«, der letzte Sinn aller Ethik und aller Religion. Er möchte, mit heutigen Worten ausgedrückt, Mystik und Freundschaftlichkeit leben. *Mystik* bezeichnet schlicht und einfach das Eingehen einer existenziell-personalen Beziehung zum verborgenen und doch gegenwärtigen dreieinigen Gott; ein Mystiker ist nach Johannes vom Kreuz ein Mensch, der nicht nur »Ich glaube an Gott« sagt, sondern »Ich glaube an *dich*, Gott« und »Ich glaube *dir*, Gott«. Und *Freundschaftlichkeit* steht hier für die ebenso persönlich-personale Hinwendung zum anderen Menschen, getragen von der Beziehung zu Gott. Mystik ist Verwirklichung der Gottesliebe, Freundschaftlichkeit die Verwirklichung der Nächstenliebe – beide gehören untrennbar zusammen. Zwar sprechen die Schriften dieses geistlichen Meisters kaum ausdrücklich vom Reifen in den zwischenmenschlichen Beziehungen, doch das hat lediglich äußere, von der Themenstellung seiner Schriften her bedingte Gründe. Wie seine Werke zur Schule der Mystik geworden sind, so ist sein Leben – herausgefördert aus den Klischees herkömmlicher Hagiografie – eine Schule herzlicher Freundschaftlichkeit, liebender Zuwendung zu den Mitmenschen und zur Schöpfung.

Der Weg zum Ziel, zur Vollendung des Menschen im vollendeten Reich Gottes, besteht, anders ausgedrückt, in der *Liebe*. Dieser Grundgedanke christlicher Spiritualität findet bei Johannes vom Kreuz eine konkrete Ausdeutung. Liebe heißt: in Beziehung treten, auf Zuwendung antworten, sich einlassen auf das jeweilige Gegenüber als einem »Du«. »Am Abend wirst du in der Liebe geprüft«[162], pflegte er zu sagen.

Loslassen, um sich einzulassen

Lieben heißt aber auch *loslassen* und *hergeben* – Stichworte, die dem Leser der Schriften des Heiligen immer wieder begegnen. Gemeint sind nicht Weltverachtung, nicht Verneinung oder »Abtötung« natürlicher Triebkräfte. Denn nicht Gott und Welt, vielmehr In-Beziehung-Sein und Auf-sich-selbst-bezogen-Sein bzw. Alles-an-sich-Binden sind Gegensätze. Johannes vom Kreuz weiß gerade als Seelsorger um das quälende Leid, das dort entsteht, wo der Mensch sein Gegenüber egozentrisch an sich bindet: die Dinge, die Menschen – und nicht zuletzt auch Gott. Um sich *ein*zulassen, gilt es daher zugleich, *los*zulassen: nicht nur Dinge und

Menschen – auch Gott! Der »für mich« beanspruchte, für persönliche, kirchliche, gesellschaftliche Pläne und Überzeugungen in Dienst genommene oder in Bild und Begriff festgelegte »Gott« steht der Wirklichkeit des Reiches Gottes gleichermaßen entgegen wie das »Hangen an den Geschöpfen«.[163] Geistliche Übungen und religiöse Vollzüge, worum auch immer es sich handelt, sind dem Weg zum Ziel hin nicht schon in sich förderlich; sie können auch geeignet sein, sich Gottes zu bemächtigen und am Reich Gottes in aller »Frömmigkeit« schnurgerade vorbeizuleben.[164]

Mystik und Freundschaftlichkeit gehen daher mit der *Aszese* einher. Aszese ist bei Johannes vom Kreuz nicht eine der Mystik vorgelagerte Stufe auf dem Weg zu Gott, schon gar nicht ein eigener Weg zum Heil neben dem (»vollkommeneren«) Weg der Mystik. Beides gehört vielmehr zusammen. Aszese ist die notwendige Rückseite jener kostbaren Münze, die auf der Vorderseite Mystik und Freundschaftlichkeit, Gottes- und Nächstenliebe heißt. Aszese allein formt den Menschen nicht um, jedenfalls nicht auf Gott hin, aber sie ist unumgänglicher Begleiter auf dem Weg zum Heil, in die vollendete Mystik und in die vollendete Freundschaftlichkeit hinein.

Hinter diesem mystisch-aszetischen Lebensprogramm steht bei Johannes vom Kreuz kein imperativisches »du sollst« und »du musst«; es ist getragen von der Botschaft des Evangeliums, die er an einer Stelle so auf den Punkt bringt: »Vor allem muss man wissen: Wenn der Mensch Gott sucht – viel mehr noch sucht Gott den Menschen.«[165] Von Gott her besteht die Beziehung längst, und das Reich Gottes, das Reich aller Beziehung in Gott, ist schon angebrochen. Der Meister der Seelenführung ist davon überzeugt, dass Gott selbst den Umformungsprozess vorantreibt und ihn auch vollenden wird. Doch er lädt ihn auch ein, an diesem Vollendungsprozess – seiner selbst, des Mitmenschen, der Gesellschaft, der Schöpfung – aktiv mitzuwirken.

Lebensgemeinschaft mit Jesus, dem Mensch gewordenen Gott

Dass Johannes vom Kreuz das menschliche Leben derart deuten kann, verdankt er der inneren *Ich-Du-Beziehung zu Jesus Christus*, dem Offenbarer Gottes in Person. Mit gleicher Dringlichkeit und Entschiedenheit wie seine Gefährtin Teresa von Ávila betont er die Notwendigkeit, dass man sich dem *Mensch* gewordenen Gott zuwenden müsse, um nicht fehlzugehen. Denn wer das göttliche Gegenüber ist, so arbeitet er klar heraus, lässt sich nur an Jesus von Nazaret erkennen.[166] Am Tun und Sagen einer historisch Mensch gewordenen Person hat sich der »Charakter« Gottes offenbart. In Jesus von Nazaret kommt Gott dem Menschen entgegen, damit er ihn kennen- und im Erkennen lieben lerne. Der Prozess der Umformung in Gott hinein wird so ein Prozess der »Angleichung an den Geliebten«[167], an den, der – wie bereits einige Vätertheologen sagen – »Mensch wurde, damit der Mensch Gott werde«. Geistliches Leben ist daher für Johannes vom Kreuz im Zentrum leidenschaftliches Interesse für die historische Person Jesus von Nazaret und für *seine* Mystik und *seine* Freundschaftlichkeit, für sein Reich Gottes.

VII. Diagnose: »dunkle Nacht« – In geistlicher Begleitung bei Johannes vom Kreuz[168]

Bildworte haben ihre eigene Dynamik. Ihr Gebrauch lässt sich nicht reglementieren. Gerade auch Urbilder wie »Dunkelheit« und »Nacht« sind nicht reservierbar für nur ganz bestimmte Erfahrungen, Ereignisse oder Zustände, ob äußerer oder innerlicher Art. Sie bieten sich dem Menschen an, wo immer er Schmerzliches, Lähmendes und Niederdrückendes – »Dunkles« eben – erfährt, das artikuliert und benannt werden will. So ist es nicht verwunderlich, dass das Bildwort »dunkle Nacht«, das mit dem Namen Johannes vom Kreuz eng verbunden ist und zu den Kernworten der christlichen Spiritualität gehört, sehr unterschiedlich verstanden und gedeutet wird. Doch nicht jede »Dunkelheit« ist eine *dunkle Nacht* im Sinne des Kirchenlehrers der christlichen Mystik. Was er mit Hilfe dieses Bildes »diagnostiziert«, ist eine Erfahrung eigener Art. Und eine Erfahrung, die im Glaubensleben niemandem erspart bleiben wird.

Was »dunkle Nacht« nicht ist

Die Diagnose »dunkle Nacht« bezieht sich bei Johannes vom Kreuz auf eine *innere, seelisch-geistige Verfassung des Einzelnen*. Was wir heute die »Gottesferne unserer Zeit« oder den »Tod Gottes in einer säkularisierten Welt« nennen, um ein mehr äußerlich greifbares, allgemeines, eine ganze Zeitepoche prägendes Glaubensdunkel zu charakterisieren, ist zumindest nicht direkt sein Thema gewesen. Seine dunkle Nacht darf damit nicht gleichgesetzt werden. Und auch nicht jedes *innere* Glaubensdunkel ist eine Dunkle-Nacht-Erfahrung. Johannes vom Kreuz grenzt sie ausdrücklich ab von allen Formen »irgendeines Unwohlseins oder einer schwermütigen Gemütsverfassung«.[169] Depressive Verstimmungen, Schwermut (»melancolía«) oder Depression sind nicht die dunkle Nacht. Sie können freilich mit der dunklen Nacht einhergehen, ja mehr noch: Auch solche Erfahrungen und Seelenzustände können zur dunklen Nacht werden, zu einem Dunkel, durch das hindurch Gott den Menschen ebenso führt und »läutert«, wie er es in den Erfahrungen der dunklen Nacht tut.

Eine weitere Abgrenzung bezieht sich auf die Frage, wodurch die dunkle Nacht – als ein religiös-spirituelles Phänomen also – verursacht ist. Johannes vom Kreuz unterscheidet hier zwischen *Finsternis* und *Dunkelheit*. Wie schon die Vätertheologen sieht er in der Finsternis eine Folge der persönlichen Abkehr von Gott. Die Dunkelheit dagegen betrachtet er als eine Gnadenwirkung Gottes. Erstere ist durch die Sünde, durch (Ab-)Sonderung von Gott, durch ein – bewusst oder unbewusst – selbstverschuldetes Sich-Herausnehmen aus der Beziehung mit Gott verursacht, Letztere aber dadurch, dass der Mensch angesichts der Lichtfülle Gottes geblendet und so ins Dunkel gestellt ist.[170]

Die Finsternis, von der Johannes vom Kreuz spricht, ist ein Zustand, der sich in Eindrücken äußern kann wie: »Ich werde mehr gelebt, als dass ich lebe« oder: »Das Große, Wesentliche, das mein Leben einmal getragen hat, ist mir inmitten der Geschäftigkeit und der Reizüberflutungen entglitten.« Es ist klar, dass eine solche Finsternis, also eine selbstverschuldete Gottesferne, einer anderen Abhilfe bedarf als die dunkle Nacht. Ich kann der Finsternis nur entkommen, indem ich (wieder) »ins Licht« trete: in die persönlich vollzogene Beziehung zu Gott hinein, möglichst aus dem Stand heraus.

Die dunkle Nacht dagegen *ist* Gottesbeziehung. Johannes vom Kreuz rät nicht, sie zu vermeiden bzw. zu beseitigen; die dunkle Nacht ist anzunehmen und zu bestehen. In den »Dunkelheits«-Erfahrungen der Seele bedarf es also einer möglichst klaren Diagnose – und einer je eigenen Therapie.

Eine Gotteserfahrung bei Nacht

Von allen inneren Dunkelheitserfahrungen unterscheidet sich die dunkle Nacht dadurch, dass ihr biografisch *eine positive religiöse Erfahrung vorausgeht*: ein Berührtwordensein von der Nähe Gottes, ein (wenigstens ahnungshaftes) Erkennen seiner Herrlichkeit und Größe, ein Innewerden göttlicher Liebe ...

Am Beginn seiner Schrift *Die Dunkle Nacht* erinnert Johannes vom Kreuz die Leser an diese Erfahrung. Gott, so schreibt er, »zieht den Menschen für gewöhnlich im Geist auf und verwöhnt ihn, wie es eine liebevolle Mutter mit einem zarten Kind macht. Sie wärmt es an ihrer warmen Brust, zieht es mit köstlicher Milch und leichten, süßen Speisen auf, trägt es auf dem Arm und verwöhnt es.«[171]

Und dieser Erfahrung göttlichen Lichtes nun folgt die Erfahrung dunkler Nacht. Jedoch nicht aufgrund menschlichen Verschuldens. Gott selbst ist die Ursache dieser Dunkelheit. Es ist die mütterlich sorgende Liebe Gottes, die den Menschen ins Dunkel führt: »In dem Maße aber, wie das Kind größer wird, hört die Mutter nach und nach auf, es zu verwöhnen, verbirgt ihre zarte Liebe und bestreicht ihre süße Brust mit bitterem Aloesaft. Sie lässt es von ihren Armen herab und stellt es auf die eigenen Füße«; und dies aus gutem Grund: »Es soll die Eigenheiten eines Kindes verlieren und sich größeren, wesentlicheren Dingen hingeben.«[172]

Die dunkle Nacht ist Entzugserfahrung. Präziser gesagt: *die dunklen Nächte* sind Entzugserfahrung*en*. Denn das Bildwort »dunkle Nacht« steht bei Johannes vom Kreuz für *drei* Erfahrungen von noch einmal zu unterscheidender, je ganz spezifischer Art. Sie haben dieselbe Ursache: den Gott des überhellen Lichtes. Aber sie werden doch unterschiedlich erlebt. Johannes vom Kreuz beschreibt sie mit den drei Phasen einer realen Nacht zwischen einem vergehenden und einem neu anbrechenden Tag: Dem »Anbruch der Nacht« in der Abenddämmerung ist (1.) die *Nacht des Sinnenbereiches* vergleichbar; der »Mitternacht, die völlig dunkel ist«, entspricht (2.) die *Nacht des Geistes*; und (3.) die *Nacht des Glaubensweges* kann »mit der Morgendämmerung, die dem Tageslicht unmittelbar vorausgeht« verglichen werden.[173]

Dieser Vergleich darf jedoch nicht so verstanden werden, als folge die eine geistliche Nacht notwendig und immer streng in dieser Reihenfolge der anderen, so wie die drei Phasen einer realen Nacht aufeinanderfolgen. Was Johannes vom Kreuz sagen will, ist, dass die drei dunklen Nächte »eine einzige Nacht«[174] sind, da sie in Gott selbst ihre gemeinsame Ursache haben; dass sich also hinter jeder dieser drei Weisen des Entzugs dasselbe liebevoll sorgende Herz der Mutter verbirgt, die ihr Kind dahin führen will, dass es erwachsen wird und auf gleicher Augenhöhe mit ihr kommuniziert.

»Nacht« ist für den Karmeliten Johannes vom Kreuz nicht ein negatives Symbol. »Nacht« und »Dunkel« sind für ihn Bilder der Stille, des schweigend-wartenden Horchens und der Sehnsucht des Herzens. Er liebte die Nacht und hat oft in den Klöstern Kastiliens und Andalusiens die Stunden bis zum Sonnenaufgang am Morgen im Freien verbracht. In den warmen Sommermonaten die Abenddämmerung, die stockdunkle Mitternacht und dann den allmählichen Morgenanbruch mitzuerleben, sagte ihm mehr über Gott und das geistliche Leben als die vielen Bücher, die er während seines Studiums an der Universität von Salamanca gelesen hatte. Um zu verstehen, was er dann selbst über die Dunkelheiten im Glauben geschrieben hat, sollte man es am besten einmal machen wie er: eine ganze Nacht zwischen dem vergehenden und dem neu anbrechenden Tag in Stille unter dem Sternenhimmel verbringen. Nur in der Nacht offenbart die Nacht ihre Weisheit. Die Sommernacht wie die Glaubensnacht.

Die dunkle Nacht – in jeder der drei geistlichen Erfahrungsweisen – ist für Johannes vom Kreuz *kontemplative Gotteserfahrung*, ist intensive Läuterung durch den »Geliebten«, um immer mehr und von Neuem für das göttliche Licht bereitet zu werden, das alles, aber auch alles erst hell macht.

Worin besteht die dunkle Nacht konkret? Was ist das: Nacht des Sinnenbereiches, Nacht des Geistes und Nacht des Glaubensweges?

Die Nacht des Sinnenbereiches

Die »Nacht des Sinnenbereiches« ist eine erste, wenn auch im konkreten Glaubensleben durchaus mehrfach und in unterschiedlicher Intensität wiederkehrende Erfahrung. Sie ist die Folge des Angerührtseins von der Nähe des liebenden Gottes. Denn das »Grüßen und Rühren Gottes an die Seele«[175] hat auch eine schmerzliche, eine lebensverändernde Wirkung: Mag das von Gott her Gefühlte und Erkannte noch so arm und nur ahnungshaft sein, es macht doch allen bisherigen »Reichtum« relativ und lässt alles »Sichere« wankend werden. Was vor solchem Erspüren, Erkennen und Erahnen Gottes dem Menschen wichtig war, was seinen äußeren und inneren Sinnen funkelte und unentbehrlich erschien, was seinem Begehren und seinen ungestillten Sehnsüchten Erfüllung verhieß, verliert angesichts dieser »Berührungen« seinen Absolutheitswert. Es ist, als tauche alles, was am Tage deutlich sichtbar war und hell glänzte, allmählich, aber unaufhaltsam, wie im abendlichen Anbruch der Nacht, ins Dunkel. Der Mensch weiß nun – »ohne zu wissen, wie«[176] –, dass alles Geschöpfliche, alles, was dem Bereich der menschlichen Sinne zugänglich oder vorstellbar ist, nicht das Letzte sein kann. Von nun an lässt sich die »geheime Erkenntnis«[177] nie mehr schadlos verdrängen oder aus der Seele verscheuchen, dass alles ein »Nichts (nada)« wäre, würde es nicht auf die göttliche Wirklichkeit hin ausgerichtet, die sich in stillem Innewerden kundgetan hat. Eine gewisse »Wehmut« – durchaus einer Schwermut ähnlich, und doch nicht mit ihr identisch – zieht in die Seele ein, ja eine nicht mehr aufzuhaltende Einsamkeit. Es ist jene Art von Einsamkeit, die Jesus nach der Taufe am Jordan und Paulus nach seinem Damaskuserlebnis in die Wüste trieb.

Die Nacht des Sinnenbereiches kann Augenblicke dauern, sie kann aber auch für Monate und Jahre Seele, Geist und Leib durchziehen. Und die Wirkung bleibt nicht aus: Sie läutert und reinigt, sie befreit den Menschen mehr und mehr von den noch ungeordneten Begehrlichkeiten nach dem Vorletzten. Sie hilft ihm, die bisherige (auch unbewusste) Werteskala auf das Wesentliche hinzuordnen und die Glaubens- und Lebenseinstellung noch einmal neu durchzubuchstabieren. Es ist die Zeit, oder richtiger: es sind die auch mehrfach wiederkehrenden Zeiten im Leben, die aus dem Kind den Erwachsenen, den Lebensgefährten Gottes machen.

Die Nacht des Geistes

Die »Nacht des Geistes« ist eine weitere Erfahrung, die im Glaubensleben nicht ausbleiben wird. Gewöhnlich folgt sie schon bald einer ersten Nachterfahrung im Sinnenbereich, sie kann mit dieser aber auch einhergehen. Oder sie kommt irgendwann im Laufe des Lebens über den Menschen. Sie kann Sekunden dauern oder auch Jahre, selten sein oder auch häufig. Auf jeden Fall aber geht ihr, wie der Nacht des Sinnenbereiches, die beglückende Erfahrung der Nähe Gottes voraus. Bezog sich die Nacht des Sinnenbereichs »auf das Natürliche«, so geht es jetzt um »das Übernatürliche, weil es einem hinsichtlich der übernatürlichen Dinge an Licht fehlt«.[178] In der Nacht des Sinnenbereiches entgleiten die Dinge, die Werte und die Menschen; in der Nacht des Geistes entgleitet Gott.

Was hier geschieht, erklärt der Kirchenlehrer der Mystik so: »Je durchsichtiger und offenkundiger die göttlichen Dinge in sich selber sind, desto dunkler und verborgener sind sie für die Natur des Menschen. Es ist wie mit dem Licht: Je heller es ist, desto mehr blendet und verdunkelt es die Pupille [...]; und je offener man in die Sonne hineinschaut, desto mehr Dunkelheit verursacht sie im Sehvermögen.«[179] Die Kräfte des Gemüts und des Verstandes sind einfach überfordert mit dem »Erwachen Gottes in der Seele«.[180] Solche »Nichterfahrung Gottes« ist also nicht Zeichen der Abwesenheit, sondern der verstärkten Zuwendung Gottes, richtiger gesagt: des wachsenden Bewusstwerdens, dass Gottes Licht in die Seele dringt. Was dann in solcher Dunkelheit als Verlassenheit oder gar als Versagen in Gebet und geistlichem Leben interpretiert wird, ist in Wirklichkeit intensive Wachstumsphase, ist ein Reinigungs- und Reifungsprozess. Der menschliche Geist wird hier »verfeinert und gegerbt«, er soll »dahin gelangen, dass er ein Gespür für alle göttlichen und menschlichen Dinge und eine göttliche, sehr weite und köstliche Kenntnis von ihnen bekommt, die das gewöhnliche Gespür und das natürliche Wissen des Menschen nicht fassen können«.[181]

Die Nacht des Geistes ist vergleichbar dem »völligen Dunkel« der Mitternacht. Das Neue, so Kostbare, das von innen her in das Leben getreten war, entschwindet nun ins Dunkel. Gottes verborgene Gegenwart, die Ahnung des Absoluten im Erkenntnisvermögen und das Angerührtwerden von göttlicher Liebe im Gemüt, diese »Berührung durch die Gnade Gottes«[182], kann plötzlich nicht mehr erfahren werden. Es ist, als wären Seele und Geist nicht mehr in der Lage, sie zu erspüren. Von hilfloser Lethargie bis zu abgrundtiefer Verlassenheit reicht die Skala der Intensität solcher Nachterfahrung. Der Mensch hängt nun gleichsam »in der Luft«[183], unter ihm ist die Erde entschwunden und über ihm der Himmel: Was den Sinnen funkelte, trägt nicht mehr, und was den Geist so lichtvoll erfüllte, ist nicht mehr zu greifen; den vergangenen Tag gibt es nicht mehr, und ein neuer ist nicht in Sicht.

Es ist Nacht, dunkle Mitternacht. Nur eines bleibt: das gottverwundete Herz – und das sichere Wissen, dass Geringeres als das von Gott her Erfahrene nicht mehr genügt.

Die Nacht des Glaubensweges

Eine weitere Nachterfahrung gleicht »der Morgendämmerung, die dem Tageslicht unmittelbar vorausgeht«. Sie ist die Frucht der dunklen Nächte in Sinnenbereich und Geist. Glaubensvorstellungen und Gottesbild sind nun aus ihrer früheren Enge herausgetreten, und mit ihnen das Menschen- und das Selbstbild, das Welt- und das Kirchenbild; es ist, als haben Geist und Seele jetzt eine ganz neue, vorher nicht geahnte Weite für Gott, für seine Wahrheiten, für seine Schöpfung. Alles, was der Mensch relativiert und wovon er sich gelöst hat, wird nun zur »Spur« Gottes, »von der Hand des Geliebten gepflanzt«.[184] In der Tiefe der Seele, nicht mehr nur in den umwelt- und situationsabhängigen Bereichen der Gefühle und des Denkens, kann der Mensch nun die Erfahrung einer Liebe und einer Wahrheit machen, die alles, wirklich alles in neues Licht taucht ... »All diese erdrückenden Läuterungen«, schreibt Johannes vom Kreuz, habe der Mensch nur erleiden müssen, damit er »wiedergeboren wird zum Leben im Geist«; denn Gott »gebiert« im Menschen »durch diese Schmerzen [...] den Geist des Heilseins, damit sich das Wort Jesajas (26,17f) erfülle: Von deinem Antlitz, Herr, empfingen wir, und wir hatten Geburtswehen, und wir gebaren den Geist des Heilseins«.[185] Doch Johannes vom Kreuz ist und bleibt der große Realist. Er nennt selbst ein Leben mit Gott in der so gewonnenen Freiheit und Weite eine Nachterfahrung: Es ist »die Nacht, die Gott ist«.[186] Ich möchte sie, da Johannes vom Kreuz selbst ihr keinen eigenen Namen gegeben hat, die *Nacht des Glaubensweges* nennen. Denn bei dieser Nachterfahrung handelt es sich nicht um ein zeitlich doch irgendwie begrenztes Erleben, sondern um die Art und Weise, wie der Mensch auf seinem gesamten Glaubensweg Gott erfährt: Gott ist in diesem Leben für die menschliche Erkenntnis und Erfahrung »genauso dunkle Nacht wie der Glaube«[187], er bleibt der immer Größere, nie vollkommen Erfassbare und Erfühlbare. Auch die noch so intensive mystische Erfahrung bleibt eine dunkle Erkenntnis. Erst »der Tag«, der dem Weg durch die Morgendämmerung folgt, »ist Gott in der Seligkeit«.[188] Gott ist die Sonne des neuen Tages, in deren volles Licht die Augen erst schauen können, wenn sie von ihm vollendet und wie die seinen geworden sind.

Die passive Nacht zu einer aktiven Nacht gestalten

Dem Grundsatz seiner Spiritualität entsprechend, dass geistliches Leben im Mit-Wirken mit Gott bestehen müsse, leitet Johannes vom Kreuz dazu an, die von Gott her kommende, vom Menschen her gesehen *passive Nacht* zu einer *aktiven Nacht* zu gestalten. Damit ist die Therapie angesprochen, die im Falle der Diagnose »dunkle Nacht« anzuwenden ist: sie annehmen, geschehen lassen – nicht verdrängen oder gar wegtherapieren; und sie aktiv durchleben.

Die Begriffe »aktive Nacht« und »passive Nacht« in den Werken des Kirchenlehrers bezeichnen nicht zwei weitere, andere Nachterfahrungen. Johannes vom Kreuz selbst erläutert sie folgendermaßen: »Aktive Nacht ist das, was der Mensch tun kann und von seiner Seite aus tut, um in sie einzutreten. [...] Passiv ist sie darin, dass der Mensch nichts tut, sondern Gott sie in ihm bewirkt und er sich wie ein Erduldender verhält.«[189] – Die passive Nacht zur aktiven Nacht machen, das ist der Rat, den Johannes vom Kreuz als geistlicher Begleiter auf dem Glaubensweg anzubieten hat.

In der *Nacht des Sinnenbereiches* kann dies bedeuten: bewusst hergeben oder doch relativieren und an eine entsprechendere Stelle in der persönlichen Werteordnung setzen, was da seinen Glanz und seine Absolutheit verliert. Das bezieht sich, so zeigt Johannes vom Kreuz in seinen Schriften, nicht nur auf die »weltlichen« Werte des Lebens, sondern durchaus auch auf den Bereich des geistlichen Lebens im engeren Sinne.

In der *Nacht des Geistes*, wenn sich – scheinbar – Gott selbst entzieht, kann es heißen: sich loslösen von der bisher gewohnten Weise, mit Gott umzugehen. Es gilt dann, alte Gottesbilder, die durchaus einmal tragfähig waren, sich nun aber als zu kindhaft, zu eng und unzulänglich erweisen, herzugeben, auf absichtlich gesuchte »Gotteserfahrungen« zu verzichten, liebgewordene Gebets- und Frömmigkeitsweisen zu hinterfragen ...

Die *Nacht des Glaubensweges* bestehen, heißt: einverstanden sein mit der Situation eines liebeswund Wartenden; ein nach letzter Erkenntnis der göttlichen und der geschöpflichen Wirklichkeit Dürstender bleiben und auf die endgültige Begegnung mit Gott und mit der Welt und den Menschen am Tag der Ewigkeit warten – wie auf die aufgehende Sonne. Der »geläuterte« und gereifte Glaube besteht in einer Gottesliebe, die sagt: Gott, du darfst der sein, der du bist – der nahe Gott, wenn du nahe sein willst, und der ferne Gott, wenn du fern sein willst, der immer »ganz Andere«, der es wert ist, um seiner selbst willen und als der, der er ist, gesucht und geliebt zu werden.

Johannes vom Kreuz spricht von einer »großen Not, die viele Menschen haben«.[190] Die »vielen Menschen«, das sind nicht nur die ganz besonders Frommen unter den Christen; und die »große Not« ist nicht die dunkle Nacht selbst. Damals wie heute ist die eigentliche Not so vieler Menschen eine andere: »Wenn unser Herr sie in diese dunkle Nacht versetzen will, damit sie durch sie hindurchgehen zur gottgewirkten Gotteinung, gehen sie nicht weiter: manchmal, weil sie nicht hineingehen oder sich hineinbringen lassen wollen, manchmal, weil sie sich nicht verstehen [...], oder sie niemand einweist und unterrichtet.«[191]

VIII. Nicht Bergbesteigung, sondern Leben auf dem Gipfelplateau – Die Antwort des Johannes vom Kreuz auf die »Werkefrömmigkeit« seiner (und unserer) Zeit

Was muss ich tun, um angenommen zu sein? Das ist *die* Frage, die uns Menschen bewegt wie kaum eine sonst. Mehr als uns bewusst ist, prägt sie unser Leben, motiviert sie unser Handeln, unser Tun und unser Lassen. Dahinter verborgen steckt die uralte Sehnsucht, die mit jedem Kind neu in die Welt hineingeboren wird: dass jemand Ja zu mir sagt. Wir können nicht leben ohne dieses Ja, das uns zusichert: »Es ist gut, dass du da bist und dass du bist, der/die du bist.« Doch die Erfahrung lehrt – den einen früher, den anderen später –, dass ein bedingungsloses Ja nicht zu haben ist. »Du bist gut, *wenn* du ...«, heißt die Botschaft, die oftmals schon in frühkindlichen Tagen zur Kenntnis genommen werden muss. Und so fragt der Mensch, wortlos meist und in der Regel ohne darüber zu reflektieren, ein Leben lang – die Mutter zuerst und den Vater, den Spielkameraden und den Lehrer, den Arbeitgeber dann und den Geschäftskunden, den Geliebten schließlich, dessen Liebe ihm alles bedeutet: *Was ist es, das ich tun muss, um in deinen Augen etwas wert zu sein?* Umso bedrängender steigt diese Frage in uns auf, als wir Erwartungen enttäuscht haben oder gar schuldig geworden sind. Sie heißt dann: *Wie kann ich dein Ja zu mir wiederfinden, was kann ich, was muss ich tun, damit ich wieder gut bin vor dir?*

Die Antwort, die wir zu hören bekommen – oder zu hören meinen –, ist immer dieselbe: *Du musst etwas vollbringen, das dich (wieder) liebenswert macht!*

Der uralte Hang zur Werkefrömmigkeit

Von alters her richtet der Mensch diese Frage – so er um ihn »weiß« – auch an Gott. In der Geschichte der christlichen Glaubenstradition verbirgt sie sich unter anderem hinter der theologischen Lehre von der *Rechtfertigung*. Das für heutige katholische wie evangelische Christen kaum noch verständliche Wort leitet sich von eben dieser Frage her: *Was kann ich tun, was muss ich »fertigen«, um in den Augen Gottes »recht« zu sein?* Und: *Wie finde ich angesichts meines Versagens, meiner Unge-recht-igkeit einen »gnädigen Gott«?* Die Antwort, die wir zu hören meinen, ist schnell bei der Hand, denn sie ist uns ja von Kindesbeinen an vertraut: »*Werke« musst du vollbringen, um »recht« zu sein vor Gott und um wieder »gerecht« zu werden in seinen Augen!*

»So viel Leistung – so viel Lohn!« Dieser kapitalistische Grundsatz hat seine Spielart auch in den zwischenmenschlichen Beziehungen; und er prägt in der Realität des Christentums weithin auch das Verhältnis zu Gott. In der Arbeitswelt mag er eine gewisse Berechtigung haben, doch im Bereich der Mitmenschlichkeit und der Religion wirkt er sich verhängnisvoll aus: Was man sich auf der Beziehungsebene durch »Werke« erkauft und verdient, hat mit dem Ja, auf das wir so angewiesen sind, wenig zu tun. Das Herz bleibt leer. Je nach dem Grad des persönlichen »Selbstbewusstseins« füllt es sich vielmehr mit pharisäischem Stolz oder quälendem Leistungsdruck.

Schon Paulus hatte alle Mühe, seinen Mitchristen klarzumachen, dass es bei Gott nichts zu »verdienen« gibt (vgl. vor allem Röm 3–5), und Jesus selbst hat am Beispiel des Pharisäers und des Zöllners klargestellt, wer da wirklich »als Gerechter« nach Hause geht und wer nicht (vgl. Lk 18,10–14). Später hat das Lehramt der Kirche jede Art von »Leistungsfrömmigkeit« als Häresie, als Irrlehre verurteilt: im 5. und noch einmal im 16. Jahrhundert als Pelagianismus zum Beispiel, oder im 17. und 18. Jahrhundert als Jansenismus. Aber der Mensch neigt wohl zu allen Zeiten dazu, sich lieber etwas – auch das Kostbarste: das liebende Ja Gottes – durch Leistung zu verdienen, als es sich *schenken* zu lassen. Man weiß dann im Übrigen, was man geleistet oder wiedergutgemacht hat, und das gibt ein gewisses Gefühl von Sicherheit. Darum sprießt diese Frömmigkeitshaltung, die man auf die Formel bringen kann: »So viel Gebet und Opfer – so viel Gnade, Erbarmen, Segen und Gebetserhörung«, verbunden mit all ihren unheilvollen Praktiken, wie das Unkraut im Weizen (vgl. Mt 13,24–30) immer wieder aus dem Boden. Martin Luther (1483–1546) hat sie zu seiner Zeit *Werkefrömmigkeit* genannt und das Ergebnis als *Werkgerechtigkeit* gebrandmarkt.

Die berechtigte Kritik des Reformators hat leider zu einer lang andauernden Kontroverse zwischen der evangelisch-lutherischen und der römisch-katholischen Konfession geführt, in der, aus heutiger Sicht, beide Seiten einander missverstanden haben. Dem *»allein aus Gnade (sola gratia)«* sind wir (ge)recht vor Gott und dem *»allein durch Glauben (sola fide)« können wir das Geschenk seiner Liebe und seiner Vergebung annehmen,* wie Martin Luther mit Paulus betonte, standen, so schien es, die »Werke« entgegen, die ja doch den biblischen Schriften nach zur Glaubensexistenz des Menschen dazugehören. Ist demnach Gottes Ja zu mir nicht doch von meinen Leistungen abhängig?

In der *Gemeinsamen Erklärung zur Rechtfertigungslehre*, die am 31. Oktober 1999 vom Lutherischen Weltbund und von der Römisch-Katholischen Kirche in Augsburg unterzeichnet wurde, konnte endlich klargestellt werden, dass die »Werke« – worum auch immer es sich handelt – nicht die *Bedingung* zum Ja Gottes zu uns Menschen sind; vielmehr, so kam man überein, *ermöglicht* uns erst Gottes Ja, die Ärmel hochzukrempeln und »Werke« in seinem Geist zu tun. Die zentrale Stelle in diesem Text, der für die Zukunft der Ökumene überaus bedeutungsvoll sein dürfte, lautet: »*Gemeinsam bekennen wir: Allein aus Gnade im Glauben an die Heilstat Christi, nicht auf Grund unseres Verdienstes, werden wir von Gott angenommen und empfangen den Heiligen Geist, der unsere Herzen erneuert und uns befähigt und aufruft zu guten Werken*« (Art. 14/15).

Wache Christen, die ihr Leben an der Frohbotschaft Jesu orientierten, haben natürlich, in der einen wie in der anderen Konfession, schon immer um diese Sicht gewusst. Zu ihnen gehört Johannes vom Kreuz. Im katholischen Spanien desselben Jahrhunderts, in dem Martin Luther lebte, beobachtet auch er den uralten Hang zur Werkefrömmigkeit. Wie er dazu steht und was er als Seelsorger unternimmt, um seine Mitmenschen – Ordenschristen, Priester und Gläubige aus allen sozialen Schichten – aus dieser so verständlichen und doch so unheilvoll sich auswirkenden Fehlhaltung herauszuführen, davon sprechen alle seine Schriften. Ich möchte hier an einer kleinen Skizze, die uns von ihm überliefert ist, zeigen, wie er auf das religiöse Leistungsdenken seiner Zeit reagierte.[192]

Ein Merkzettel zur Glaubensorientierung

Johannes vom Kreuz hatte die Gewohnheit, den Schwestern und Brüdern im Orden, die er geistlich begleitete, und den zahlreichen Christen, die bei ihm Rat suchten, ein paar Worte aufzuschreiben oder manchmal auch ein Bild zu zeichnen, damit sie noch einmal meditieren und verinnerlichen konnten, was er ihnen im Gespräch hatte ans Herz legen wollen.[193] Einer dieser »Merkzettel« ist unter dem Namen *Berg Karmel* oder *Berg der Vollkommenheit* bekannt geworden. Es handelt sich um eine Skizze aus Strichen und Worten, die in den Jahren 1578/79 entstanden sein muss. Johannes vom Kreuz war damals Prior in El Calvario (Andalusien). Magdalena del Espíritu Santo, eine Karmelitin aus dem nahe gelegenen Konvent in Beas, den er von El

Calvario aus häufig besuchte, berichtet, er habe »jeder Schwester ein Exemplar gegeben, das er selbst angefertigt hatte, damit wir es in unser Brevier legen«.[194] Weiteren Zeitzeugen nach hat er diese Skizze um die sechzig Mal eigenhändig vervielfältigt und sie persönlich an Ordensleute, Kleriker und Laienchristen verteilt.[195] Als er, ebenfalls in El Calvario, sein Kommentarwerk *Aufstieg auf den Berg Karmel* zu verfassen begann, sollte, wie er darin schreibt, »das Bild [...] zu Beginn dieses Buches« stehen.[196] Der »kleine Berg«, wie man die Skizze damals gern nannte, war ihm selbst also sehr wichtig für die Vermittlung christlicher Spiritualität.

Bald wurde sein Einlegezettel weit über die Konvente des jungen Ordens hinaus bekannt. Immer wieder wurde er von anderen abgemalt und abgeschrieben. Leider ist uns kein einziger aus der Feder des Heiligen selbst erhalten geblieben. Ein Jahrhundert später wurde jedoch, notariell beglaubigt und gesiegelt, eine Kopie von einem damals noch vorhandenen Original angefertigt, von demselben Exemplar, das Johannes vom Kreuz der genannten Sr. Magdalena aus Beas geschenkt hatte. Die Nationalbibliothek in Madrid hütet dieses kleine Schriftstück als kostbaren Schatz der spanischen Geistesgeschichte.

Ein altes, vergilbtes Stück Papier, das es in sich hat! Es kann noch heute eine Hilfe sein, um sich darüber klar zu werden, worauf es im christlichen Glauben ankommt und wovor man sich und andere bewahren sollte. Allein schon *die grafische Grundgestalt* der Zeichnung, auf deren Darstellung ich mich hier beschränken möchte, kann uns zeigen, was »Rechtfertigung« im biblischen Sinne meint.

Ein Berg?

Die Skizze aus Beas stellt uns vor eine Überraschung: Ein Berg ist darauf gar nicht zu erkennen! Wäre da nicht die Überschrift *»monte carmelo«* (*»Berg Karmel«*), würde der Uneingeweihte, damals wie heute, einen Berg wohl nicht einmal vermuten. Berge würden wir, sollten wir sie skizzieren, so zeichnen, dass man sie in der Front-Ansicht vor sich sieht, aus der Perspektive eines Betrachters also, der die Erhebung von unten bis oben, vom Fuß bis zum Gipfel vor Augen hat.

So, in der Front-Ansicht, waren damals auch die Zeichnungen gestaltet, auf denen der Berg, wie bei Johannes vom Kreuz, als Symbol für eine religiöse Aussage verwendet wird. Im Spanien des 16. Jahrhunderts kannte man mehrere solcher Berg-Symbol-Bilder. Zum Beispiel den *Monte Calvario*, gezeichnet und beschrieben von Antonio de Guevara, einem Franziskanertheologen, in seinem gleichnamigen aszetischen Werk aus dem Jahre 1529. Als ehemaligem Studenten der Universität Salamanca waren Juan sicher auch die übersetzten und illustrierten Ausgaben der Werke des griechischen Dichters Hesiod (8. Jh. v. Chr.) vertraut, der das Berg-Symbol für seine Tugendlehre verwendete, dazu die Berg-Zeichnungen einiger Renaissance-Theologen, die Hesiods Lehre aufgegriffen und für die christliche Frömmigkeit aktualisiert hatten. Die an geistlicher Literatur Interessierten dieser Zeit kannten vor allem den *Aufstieg auf den Berg Zion* des Franziskaners Bernardino de Laredo, ein seit 1535 in mehreren Auflagen veröffentlichtes Buch, das damals in Spanien viel gelesen und dessen Inhalt von den Predigern sehr verbreitet wurde.[197]

Allen diesen Werken ist gemeinsam, dass sie den Berg in der Front-Ansicht zeigen. Und immer führen auf diesen Zeichnungen ein oder mehrere Wege zum Berggipfel hinauf. Denn die Autoren sehen den eigentlichen Vergleichspunkt für ihre geistliche Aussage in der *mühevollen Klettertour eines Bergsteigers*, der über Klippen und Steilwände hinweg den erstrebten Gipfel zu erreichen sucht. Geistiger Hintergrund ist dabei eben jene Auffassung, die Martin Luther in Deutschland als »Werkefrömmigkeit« kritisiert hatte; sie war damals gerade auch im katholischen Spanien arg »ins Kraut geschossen«. Auch die in den Kreisen der spanischen »Alumbrados« (der »Erleuchteten«, mit denen die heutige Esoterik manches gemeinsam hat) verbreitete Meinung, man müsse sich nur mit Ausdauer in entsprechenden spirituellen Methoden üben, dann erreiche man den »Gipfel« göttlicher Erleuchtung, fand in der so verstandenen Bergdeutung ihre willkommene Symbolik.

Die andere Perspektive

Einen solchen Berg in Front-Ansicht finden wir auf der Skizze aus Beas nicht. Es ist, als wollte der in den geistlichen Dingen erfahrene und klarsichtige Karmelit der ganzen Zunft der frommen Bergbesteiger mit schelmischer Freude ein Schnippchen schlagen. Statt einen ordentlichen Berg zu zeichnen, wirft er mit ein paar Strichen ein eigenartiges Gebilde hin, das den Betrachter irritiert fragen lässt: Und das soll ein Berg sein?

Ja, das soll ein Berg sein, wird Johannes vom Kreuz dann denen erklärt haben, die nun aufhorchten und neugierig wurden: Aber wenn schon Berg, dann ist nicht der mühsame Aufstieg das authentische Bild christlicher Frömmigkeit, sondern *das herrliche Erlebnis, auf einem Gipfel zu stehen!* Denn im Leben mit Gott zählt nicht zuerst die Aszese, nicht die heroische Leistung und schon gar nicht die Kenntnis ausgefeilter »Kletter«-Methoden!

Was Johannes vom Kreuz da aufs Papier geworfen hat, ist der *Gipfel* eines Berges. Und auch sein Berggipfel unterscheidet sich sehr von der uns sonst vertrauten Darstellungsform. Nicht eine schmal auslaufende, sich nach oben hin verengende Bergspitze hat er gemalt, sondern ein *großflächiges Gipfelplateau*. Der Betrachter sieht es wie aus der Vogelperspektive, *im Draufblick von oben her*, vor sich liegen. In weit ausholendem Bogen, der fast das ganze Blatt ausfüllt und sogar den Bildrahmen sprengt, deutet der Zeichner eine *weite Hochebene* an, auf der man sich frei bewegen

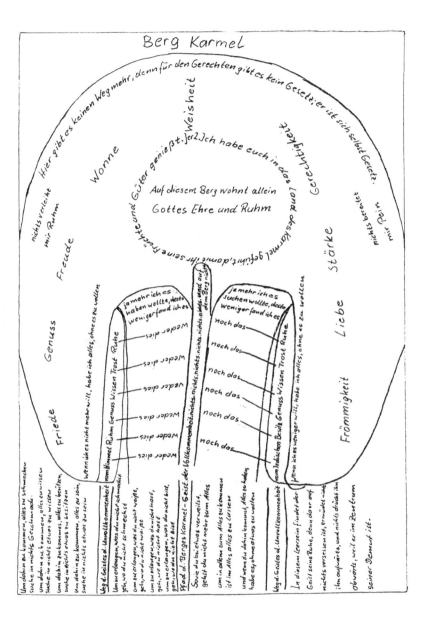

Deutsche Übertragung der Berg-Karmel-Skizze von Johannes vom Kreuz

und in alle Richtungen laufen, auf der man springen und tanzen und leben kann.

Den Berg Karmel, der in Wirklichkeit ja ein lang gestreckter Gebirgszug ist, haben Johannes vom Kreuz und wohl auch alle, für die er seine Skizze zeichnete, nie gesehen. Aber die Erfahrung, hoch oben auf einem Berggipfel oder einer Hochebene zu stehen, von dort in die Weite zu blicken und die Schönheit der Landschaft zu genießen, über den Wolken zu sein, »wo die Freiheit wohl grenzenlos ist« (Reinhard Mey), hat Johannes vom Kreuz auf seinen vielen Fußmärschen durch Kastilien und Andalusien oft gemacht; sie wird auch den meisten seiner Landsleute vertraut gewesen sein. Nicht der mühevolle Aufstieg des Steilwandkletterers, sondern ein solches Gipfelerlebnis ist der Vergleichspunkt für die Aussage, die Johannes vom Kreuz mit seiner Zeichnung machen will. Die *Erfahrung von Weite, Schönheit und Freiheit* will er in Erinnerung rufen, um seine Spiritualität, die christliche Art, das Leben zu leben, den Merkzettel-Betrachtern nahezubringen.

Auch Johannes vom Kreuz hat *Wege* in seine Skizze eingezeichnet. Doch der Betrachter sieht sie nicht als schwer überwindbare Strecke im Anblick des hoch aufragenden Bergmassivs vor sich, erst recht nicht aus der Respekt und Angst einflößenden Perspektive am Fuße des Riesen, der dem Ungeübten jeden Mut nehmen kann. Johannes vom Kreuz hat die Wege vielmehr, wie noch zu zeigen sein wird, auf die Gipfelfläche selbst platziert; es handelt sich, meiner Meinung nach, um Wegsymbole *auf* dem Gipfelplateau, nicht um Wege zum Gipfel hinauf – derart, dass nicht ein mühevoller Aufstieg zur Hauptaussage des Bildes wird, sondern das herrliche Gipfelerlebnis sein zentraler Inhalt bleibt. Die Botschaft der Zeichnung heißt also nicht: Streng dich an, damit du zu den wenigen gehörst, die es schaffen, den Gipfel zu erreichen! Es ist eher, als wolle der Zeichner sagen: *Wunderbar ist es dort oben, und auch du kannst dort leben …*

Mitten in der Welt des abendländisch-religiösen Denkens, das – oft weit entfernt von seinem christlichen Ursprung – immer geneigt ist, Religion einseitig und vorrangig als *Weg des Menschen zu Gott* zu verstehen und die Frömmigkeitspraxis nach dem (pelagianischen) Schema »so viel Verdienst – so viel Gnade« auszurichten, überrascht Johannes vom Kreuz mit einer Sicht des Glaubens aus einer ganz anderen Perspektive. Er zeigt das gewohnte Berg-Symbol aus dem Blick von oben her, gewissermaßen *aus der Perspektive Gottes*. So hatte er einige Jahre früher, als er Spiritual in dem von Teresa geleiteten Menschwerdungskloster in Ávila war (1572–1576), schon den gekreuzigten Christus dargestellt. Die kleine Federzeichnung, die erst 1926 wieder aufgefunden wurde, lässt den Betrachter ebenfalls wie seitlich von oben her auf den am Kreuz Hängenden schauen, die Blickrichtung Gottvaters andeutend, als wolle der Zeichner sagen: Was am Kreuz auf Golgota geschehen ist, wirst du erst zu verstehen beginnen, wenn du *von Gott her* denkst.

In dieser so ganz anderen Perspektive steht nicht die Sorge des Menschen um seinen Weg zu Gott im Zentrum des Glaubens, sondern die Botschaft vom *Weg Gottes zum Menschen*. In der Frömmigkeitspraxis geht es dann nicht um Leistung und Verdienst, sondern allein darum, die Botschaft Jesu zu hören und aufzunehmen und ihm *die Liebe zu glauben, die Gott zu uns hat.* Denn: »Nicht darin besteht die Liebe, dass wir Gott geliebt haben, sondern dass er uns geliebt [...] hat« (1 Joh 4,10).

»Die mittelalterlichen Wege zu Gott«, schreibt Hans Urs von Balthasar (1905–1988), der Schweizer katholische Theologe, in einer Studie über Johannes vom Kreuz, »waren zumeist ›Aufstiege‹: Leitern, die durch kunstvolle Aneinanderreihung von seelischen Akten und Zuständen – aktiven Verzichten und kontemplativen Haltungen – eine Annäherung an das Gottgeheimnis versprachen. So sehr Juan de la Cruz [= Johannes vom Kreuz] von der Tradition lebt und sogar ganze Teile solcher Aufstiegsschemen in sein Werk aufnehmen kann [...], seine Kritik aller Akte und Zustände stellt ihn jenseits dieser Aufstiegswege.«[198]

Johannes vom Kreuz hat seine Berg-Skizze so gezeichnet, dass man die Blickrichtung wechseln muss, um sie deuten zu können. Nur wenn der Betrachter die gewohnte Sichtweise ändert, wenn er, statt um »Werke« und »Methoden« besorgt zu sein, sich auf die ganz andere Perspektive einlässt, wird er die Botschaft des »kleinen Berges« verstehen können – und darin die Ursprünglichkeit der Frohbotschaft Jesu wiederfinden.

Eine Lebensqualität im Hier und Heute – »allein aus Gnade«

In der Sprache der geistlichen Tradition nennt Johannes vom Kreuz dieses Gipfel-Leben *»unión con Dios«*. Im Deutschen kann dieser alte Begriff aus der Theologie der christlichen Mystik – lateinisch »unio cum Deo« oder »unio mystica« – sowohl *Einssein* als auch *Einigung* mit Gott bedeuten, je nachdem, ob im Textzusammenhang mehr das Eins-Sein oder das Eins-Werden betont ist; in der Neuausgabe der Werke des Kirchlehrers der Mystik hat das Übersetzerteam beide Aspekte mit dem Wort *Einung* wiederzugeben versucht. Mit diesem Begriff nun deutet Johannes vom Kreuz das Bergplateau seiner Skizze; er möchte den »Gipfel des Berges« verstanden wissen als »die hohe Verfassung der Vollkommenheit [...], die wir hier Einung des Menschen mit Gott nennen«.[199]

»Einssein mit Gott«: Gemeint ist nicht die Vollendung nach dem Tod, gemeint ist vielmehr das »Leben in Fülle«, von dem Jesus im Johannesevangelium (Joh 10,10) spricht, eine Lebensform also, die jetzt schon möglich ist, *eine Lebensqualität im Hier und Heute*, die freilich im ewigen Leben ihre nicht auszudenkende Steigerung und Vollendung finden wird. Gemeint ist auch nicht eine durch eigene Werke und Anstrengungen verdienbare oder gar machbare »übernatürliche Erfahrung« auf »mystischen Höhen«, wie es aszetisierende und gnostizistische Auslegungen der Berg-Skizze den Lesern naheleg(t)en. Das Gipfelplateau steht vielmehr für eine »*divina* unión con Dios«, für eine »*gottgewirkte* Einung mit Gott«, wie Johannes vom Kreuz immer wieder betont – für eine Lebensqualität also, von der Paulus sagt, dass wir sie »ohne es verdient zu haben« und »dank seiner Gnade« (Röm 3,24) immer schon geschenkt bekommen haben. In der von Johannes vom Kreuz beabsichtigten Betrachtungsperspektive der Skizze weist Gott selbst, verborgen gegenwärtig wie »von oben« her, auf das Gipfelplateau. Und es ist, als wolle er mir sagen: *Schau auf diese Höhe, komm in ihre Schönheit und Weite, lass dir schenken, was ich für dich bereitet habe ...*

Wie jede gute Poesie, so will auch dieses »grafische Gedicht« (Jacques Maritain) wachrufen, was bereits in uns schlummert, was nur auf Worte wartet, um wiedererkannt, um geweckt, um zum Leben erweckt zu werden. Denn nach dem Gottes- und Menschenbild Juans muss das »Einssein mit Gott« nicht erst erworben werden, es ist – von Gott her betrachtet – immer schon da, sodass Gott »in jeglicher Menschenseele, und sei es die des größten Sünders der Welt, wesenhaft wohnt und gegenwärtig ist«.[200] Die Spiritualität, zu der Johannes vom Kreuz anleiten möchte, ist deshalb, so wird er in seinem Spätwerk *Die Lebendige Liebesflamme* erklären, zuerst und vor allem anderen ein »Erwachen Gottes in der Seele« – und hier verbessert er sich sogleich – »... nein, ein Wachwerden der Seele«[201], ein Wachwerden des Menschen für die tiefste Wahrheit über sein Wesen: *dass das Ja Gottes unverbrüchlich über seinem Leben steht, selbst dann noch, wenn er zum »größten Sünder der Welt« werden würde.*

Weil Johannes vom Kreuz davon überzeugt ist, kann er sich die Kühnheit leisten, seinen Mitmenschen nicht den »steilen Pfad« der Aszese einzuhämmern, sondern ihnen gelassen und entschieden das *Hochplateau der Liebe* zu zeigen. Zu nichts weniger als zu dieser »Höhe«, das Leben zu leben, zu dieser Art und Weise, Mensch zu sein, will – so ist Johannes vom Kreuz überzeugt – Gott den Menschen führen. Alles andere ist Leben in Knechtschaft und Sklaverei, ist Leben unter der Würde, unter den Möglichkeiten, die Gott in uns angelegt hat. Es liegt dann freilich an mir, ob ich bereit bin, die Perspektive zu wechseln, die eigenen Worte erst einmal zu lassen und das Ja-Wort des Gottes, der sich in Jesus von Nazaret offenbart hat, zu hören – damit auch in mir wach werden kann, was nur darauf wartet, gelebt zu werden.

Das »Werk« des Glaubenden: sich einlassen auf Gott und die Mitmenschen

Wie zeigt sich dieses »Einssein mit Gott« im konkreten Alltagsleben eines Menschen von heute? Es würde meines Erachtens nicht viel bringen, auf diese Frage mit näheren Beschreibungen zu antworten. Manches im Leben lernt man nicht dadurch kennen, dass man davon liest und hört, man muss es, im ursprünglichsten Sinn des Wortes, er-*fahren*. Das Plateau muss durchwandert werden, will man seine Schönheit und Weite kennenlernen. Zum Losgehen also und zum Wandern lädt die Gipfel-Skizze ein … Denn was Johannes vom Kreuz »Einung mit Gott« nennt, ist nicht Status, sondern *Weg*. Immer wieder spricht er in seinen Schriften ausdrücklich vom »*Weg* der Gotteinung«, vom »*Weg* der gottgewirkten Einung« und vom »*Weg* der Liebeseinung«. Die »Einung mit Gott« ist ein *Einssein im Prozess der Einigung*. Das Gipfelplateau beschreibt also nicht das Ziel eines Weges, sondern einen *angezielten Weg*.

Einen Weg muss man freilich gehen, auch dann, wenn dieser Weg vorbereitet ist und ein anderer ihn mitgeht. Ich muss mich einlassen auf das Abenteuer, zu dem ich eingeladen werde. *Gehen* und *Sich-Einlassen* sind Worte für eine menschliche Aktivität.

Worin aber besteht die Aktivität – in der Sprache der Rechtfertigungslehre: das »Werk« – auf dem Weg der Einung? Was heißt hier »gehen« und »sich einlassen« konkret?

Durchforsten wir die Schriften des Johannes vom Kreuz, findet sich nur eine »Aktivität«, auf die wir ausdrücklich und immer wieder aufs Neue verwiesen werden: die »advertencia amorosa«, das *liebende Aufmerken* zu Gott hin. Das spanische Wort »advertencia« bedeutet wörtlich *»Hinwendung zu ...«*. Ein sehr konkretes und zugleich ganz einfaches, für jeden Menschen vollziehbares »Tun« ist damit gemeint: Ich wende mich zu Gott hin, ich denke daran, dass Gott da ist – wenn auch der äußeren Wahrnehmung verborgen –, ich sage mit Bewusstsein »du, Gott« zu ihm, spreche zu ihm oder »verweile«, auch ohne Worte – mehr hörend als redend –, in seiner Gegenwart ... Das ist schon alles! Das jedenfalls ist die Aktivität, die allen »geistlichen Übungen« nicht fehlen darf. Dieses »Aufmerken« zu Gott hin (diese »Achtsamkeit« für Gott, wie die neue Werkausgabe übersetzt) macht aus dem »Glauben habenden« einen *glaubenden*, mit Gott lebenden Menschen; es einzuüben und zu einem »habitus«, einer »guten Angewohnheit« werden zu lassen, ist der Weg, auf den Johannes vom Kreuz führen will. Alles Weitere, auch alle dann möglichen Erfahrungen auf dem Weg mit Gott, setzen dieses liebende, sich Gott zuwendende »Tun« voraus. Das im Alten Bund geforderte und von Jesus bestätigte Gebot der »Gottesliebe« verwirklicht sich konkret erst in diesem *Grundakt* des Glaubens, nicht in noch so feierlicher, aber »äußerlich« bleibender Gottesverehrung und Frömmigkeit. Teresa von Ávila nennt ihn *inneres Beten*; mit der geistlichen Tradition, aus der sie diesen Begriff übernimmt, versteht sie darunter ein Beten von innen her, eine bewusste persönliche Hinwendung zu Gott von Ich zu Du, in der es dem Menschen zukommt, mehr zu hören als zu reden. Andere Autoren, in der Geschichte des Karmel vor allem der französische Laienbruder Lorenz von der Auferstehung (1608–1691), sprechen von der *Vergegenwärtigung Gottes*.

Den Gipfelweg gehen, heißt aber auch, sich in »liebender Achtsamkeit« den Mitmenschen zuwenden: in einem »Aufmerken« von innen her, nicht mit wiederum nur äußerlich bleibenden »Werken der Nächstenliebe« und einem gelegentlichen »netten Wort«, sondern mit dem einfachen »Tun« des Herzens, das den anderen anschaut und ihn wirklich meint, mit Bewusstsein »du, ...« zu ihm sagt. Der Gott des Johannes vom Kreuz sucht nicht Menschen, die ihn »anhimmeln«, sondern will *Mitliebende*. Der Gipfelweg führt nicht nur in die Herrlichkeit Gottes – was wäre sie auch wert ohne die Herrlichkeit all der »Typen« und »Originale« um uns herum!

Alle anderen Aktivitäten, von denen Johannes vom Kreuz freilich ebenso häufig schreibt, sind entweder negierend gemeint, das heißt, sie beziehen sich auf das Loslassen und Verlassen falscher und ungenügender Wege, die daran hindern, sich einzulassen und loszugehen, oder sie beschreiben konkrete Ausdrucksweisen dieser »liebenden Achtsamkeit«, wie das Beten, das Meditieren, das Ruhen in Gott und das Handeln mit Gott. Dass der Mensch zu diesem einfachen, aber bewusst und ganz persönlich vollzogenen »Aufmerken zu Gott hin« findet, das, so Ulrich Dobhan OCD in seiner Einführung in den *Aufstieg auf den Berg Karmel*, »ist das große Ziel, und nicht eine Anleitung für ein rigoristisches Leben, durch das sich der Mensch den Himmel zu verdienen hätte, was manche Darstellungen des Heiligen bis in unsere Zeiten zu suggerieren versuchen«.[202]

Die Holzwege der Frömmigkeit

Im *Aufstieg auf den Berg Karmel* bemerkt Johannes vom Kreuz ausdrücklich: »... das Bild, das zu Beginn dieses Buches steht, [...] handelt [...] auch vom Geist der Unvollkommenheit, wie man an den beiden Wegen sehen kann, die sich an den Seiten des Pfads der Vollkommenheit befinden.«[203] Zwei Wege also und in der Mitte ein Pfad – wären sie nicht eindeutig beschriftet, brauchte es viel Fantasie, um sie auf der Zeichnung von Beas erkennen zu können. Man muss schon genau hinschauen und erst einmal die einzelnen Striche sortieren, um überhaupt so etwas wie Wege und Pfad ausmachen zu können. Johannes vom Kreuz hat sie symbolisch, nicht in naturgetreuer Wiedergabe dargestellt. Nur die zweimalige Titulierung »Weg des Geistes der Unvollkommenheit« lässt darauf schließen, dass es sich bei den jeweils sich anschließenden beschrifteten Flächen um Wege handelt, und nur der Titel »Pfad des Berges Karmel im Geist der Vollkommenheit« deutet darauf hin, dass die längere, am Ende abgerundete Fläche zwischen den Wegen ein Pfad sein soll. Der Betrachter muss wiederum die Perspektive wechseln und sich mit »nach oben« nehmen lassen, um in all dem einen Sinn zu erkennen. Aus der »Blickrichtung Gottes« wirkt das ganze eigenartige Weggebilde dann nicht als Aufstiegsmöglichkeit an einer Steilwand zum Gipfel hinauf; es scheint sich eher, wie schon gesagt, um eine Wegsymbolik zu handeln, die in das Gipfelplateau selbst eingezeichnet ist. Die beiden *Wege* kennzeichnen in der Gipfel-Skizze Auffassungen und Haltungen, die der seelsorglichen und wohl auch persönlichen Erfahrung des Heiligen nach hinderlich sind, um zur Weite, Schönheit und Freiheit des Menschseins zu gelangen. Es sind nicht etwa die Wege glaubensloser Atheisten – solche gab es im katholischen Spanien des 16. Jahrhunderts nicht; es handelt sich um die Irr-Wege derer, denen Johannes vom Kreuz seine Skizze in die Hände gibt, um *Irr-Wege der Christen* also, der Ordensleute, der Priester und der Gläubigen seiner – und wohl auch unserer – Zeit. Als Holzwege des religiösen Lebens haben sie in verschiedensten konkreten Erscheinungsformen die christliche Frömmigkeit schon von frühkirchlichen Tagen an verfälscht. Die theologische Reflexion nennt sie zum Beispiel Gnostizismus, Pelagianismus, Utilitarismus, Hedonismus und Aszetismus. Es sind Wege, auf denen der Mensch – ohne sich in der Regel dessen bewusst zu sein – auf dem »Egotrip« bleibt, auf dem er weder sich selbst noch sein »Heil« noch Gott noch die Welt noch die Mitmenschen findet.

Religiössein ist für Johannes vom Kreuz nicht schon in sich eine gute Sache. Mit Gebet und Meditation, Opfer und Entsagung, Gottesdienstfeiern und Fasten, Gebotehalten und Almosengeben ..., so weiß er, kann man auch schnurgerade an Gott (und den Menschen) vorbeileben und sich dabei gehörig den Charakter verderben! Die *Motivation* ist es, die dasselbe religiöse Tun zum Heils- oder zum Unheilsweg macht. *Auf den spiritus in der Spiritualität kommt es an, auf den Geist, von dem der Mensch in seinem spirituellen Leben geleitet ist.*

Der »schmale Pfad« – ein Kraftakt Gottes für und mit dem Menschen

Wohl sehr bewusst unterscheidet Johannes vom Kreuz sprachlich zwischen *Weg* – »camino« – und *Pfad* – »senda«. Sein Pfad ist kein Weg – ein Holzweg ohnehin nicht, aber auch kein Glaubensweg im eigentlichen Sinne. Er ist nicht der richtige Weg im Unterschied zu den beiden falschen Wegen; er ist gar kein Weg. Er steht in dieser Skizze weder für eine »Technik«, die man anwenden müsste, um Stufe für Stufe die »Höhen« des geistlichen Lebens zu erklimmen, noch für irgendeine andere Form von methodischer Aszese oder aszetischer Methode, durch die man zu seinem erstrebten »Heil« gelangen könnte. Johannes vom Kreuz beschriftet ihn nicht mit Anweisungen, was zu tun sei. Dem Titel folgt vielmehr sechsmal hintereinander ein »nada« (»nichts«) – korrespondierend zu dem sechsmaligen »ni eso – ni esotro« (»weder dies – noch das«), womit, durch Verweisstriche gekennzeichnet, die Wege zurückgewiesen werden, die der »Geist der Unvollkommenheit« sich schafft. Johannes vom Kreuz hat den Pfad nur deshalb eingezeichnet, um vor den Holzwegen der Spiritualität zu warnen. Denn in dem Maße, in dem der egozentrierte Ungeist der Werkefrömmigkeit die Spiritualität, das Denken und Handeln, das Beten und Meditieren bestimmt, kann das Ja Gottes nicht gehört und das »Leben in Fülle« nicht gefunden werden. Der Pfad sagt also nicht, was der Mensch tun soll, sondern eher, was er *lassen* soll: Er soll den Holzwegen nicht folgen.

Das *Lassen* kann freilich ein sehr aktives *Tun* bedeuten – zumal, wenn die Holzwege bereits begangen werden. Dann ist ein *Ver*lassen und *Los*lassen nötig. Der Pfad steht dann für *den Schritt, den einer tun muss, um vom falschen auf den richtigen Weg zu wechseln.*

Es geht hier nicht um einen »Aufstieg« im aszetisch-methodischen Sinne, sondern um einen bewusst zu vollziehenden *Ausstieg* aus einer – wenn auch in der Christenheit noch so sehr verbreiteten und praktizierten – Frömmigkeitsweise und um den Einstieg in die Lebensart, die Jesus vorgelebt hat, hin zum *mystischen* »Aufstieg«, zu immer tieferem *In-Beziehung-Sein mit Gott und seiner Schöpfung*, um nichts mehr und nichts weniger. Und das kann durchaus ein Akt sein, der ein gehöriges Maß an Aszese erfordert.

Die nun gemeinte Aszese ist aber weder ein Verdienste-Sammeln, noch hat sie etwas mit Weltverachtung oder gar mit Abtötung natürlicher Triebkräfte gemein. Das Nada bezieht sich nicht auf die vermeintlich negative Welt, es gilt vielmehr den Holzwegen des noch egozentrierten, ungläubigen Herzens. Und natürlich sind nicht Gebet, Meditation und sonstige bewährte »Werke der Frömmigkeit« zu lassen, sondern die *instrumentalisierende, verzweckende Motivation*, mit der sie vollzogen werden.

Meiner seelsorglichen Erfahrung nach tun sich auch heute besonders diejenigen damit schwer, die in Elternhaus und Pfarrgemeinde, in Klöstern und kirchlichen Gemeinschaften von der

»Spiritualität« der Holzwege geprägt worden sind; nicht ganz so »kirchentreuen« Christen und solchen, die das Glück hatten, in der Kirche einem Geist aus der anderen Perspektive zu begegnen, fällt es oft leichter, ihre Werkefrömmigkeit zu verlassen und sich dem »Weg der Einung« zuzuwenden. Ein aszetischer Kraftakt, für den einen mehr, für den anderen weniger, bleibt es allemal.

Und auch da ist Johannes vom Kreuz Realist durch und durch: Er weiß, Aszese in diesem Sinne ist ein *stetiger* Begleiter auf dem Weg zum endgültigen Heil, in das vollendete Einssein mit Gott, mit den Menschen und mit der Schöpfung hinein. Denn die Holzwege der Frömmigkeit geht auch der noch, den Gott bereits auf den Gipfel gestellt hat, und der Pfad des Ausstiegs um des Einstiegs willen wird ein Leben lang seine Aktualität behalten. Edith Stein, die große Schülerin des heiligen Johannes vom Kreuz, schreibt 1940 in einem Brief: »Seit einigen Wochen habe ich auch für den Betrachtungsstoff zu sorgen und nehme jetzt zur Vorbereitung auf das Fest kleine Abschnitte aus dem Aufstieg zum Berge Karmel. Das war auch mein Betrachtungsstoff in den Exerzitien vor der Einkleidung. Jedes Jahr ging es dann eine Stufe weiter – in den Bänden des hl. Vaters Johannes, nicht etwa, dass ich damit Schritt gehalten hätte ...«[204] Wege und Pfad sind Symbole *auf* dem Gipfel, nicht zum Gipfel hinauf.

Mehrmals verweist Johannes vom Kreuz in seinen Schriften auf eine Stelle im Matthäusevangelium, die wohl als der entscheidende Schlüssel zum Verständnis seines Pfads betrachtet werden muss. Dort, gegen Ende der Bergpredigt, sagt Jesus den »vielen Menschen« (Mt 5,1), die ihm zuhören: »Geht durch das enge Tor! Denn das Tor ist weit, das ins Verderben führt, und der Weg dahin ist breit, und viele gehen auf ihm. Aber das Tor, das zum Leben führt, ist eng, und der Weg dahin ist schmal, und nur wenige finden ihn.« (Mt 7,13f) »Diesen Weg«, so schreibt Johannes vom Kreuz zu Beginn der *Dunklen Nacht*, »muss ein Mensch für gewöhnlich durchschreiten, um zu dieser tiefen und beglückenden Gotteinung zu gelangen. Weil dieser Weg so schmal ist und weil nur so wenige Menschen auf diesem Weg in die Gotteinung eintreten – wie auch der Herr selbst sagt (Mt 7,14) –, betrachtet es der Mensch als großes Glück und gutes Geschick, dass er ihn bis zur [...] Vollkommenheit der Liebe durchschritten hat.«[205] Der Pfad auf der Berg-Skizze ist der »schmale Weg« des Evangeliums. Wohl ist es wahr – das weiß der Seelsorger Johannes vom Kreuz sehr gut –, dass diesen »schmalen Pfad« nur wenige Menschen gehen. Aber das heißt nicht, dass ihn nur wenige gehen können! Denn Gott lässt den Menschen dabei nicht allein. Er hilft ihm – auch das weiß Johannes vom Kreuz aus eigener und hundertfach aus seelsorglicher Erfahrung –, indem er seine Bitten (scheinbar) *nicht* erhört, seine »Werke« *nicht* belohnt und ihm die erstrebte Erfahrung seiner Nähe *entzieht*. Das zu erleben kann überaus schmerzlich und zunächst sehr verwirrend sein. Johannes vom Kreuz hat für solche »Frustrationserfahrungen« im religiösen Leben das Bildwort »dunkle Nacht« geprägt. Was Gott hier tut, auch dafür steht der Pfad der Gipfel-Skizze! Johannes vom Kreuz nennt daher »... diesen schmalen Weg sehr zutreffend eine dunkle Nacht«.[206]

Das »nada« des Pfads meint also nicht allein und nicht zuerst ein Werk des Menschen; es steht auch für einen »Kraftakt« Gottes. Das »Werk«, das hier gefordert ist, ist ein *Gemeinschaftswerk*; es besteht darin, dass der Mensch loslässt, was ihm von Gott »genommen« wird. Das »Hinausgehen« aus sich selbst und aus allen Dingen, so erklärt Johannes vom Kreuz rückblickend auf eigene »Nacht«-Erfahrungen, »konnte sie (die Menschenseele) vollziehen, weil die Liebe ihres Bräutigams ihr in dieser dunklen Kontemplation die Kraft und Wärme dazu gab«.[207]

Die Verfälschung

In dieser Glaubensperspektive will Johannes vom Kreuz auch das Buch verstanden wissen, das er in Anlehnung an die »Vorgänger« in der religiösen Literatur seiner Zeit – und damit in Abgrenzung gegenüber ihren Lehren – »Aufstieg auf den Berg Karmel« nannte. Um das Buch in seiner ursprünglichen Aussageabsicht verstehen zu können, ist es wichtig, sich daran zu erinnern, dass ihm der Autor die Berg-Karmel-Skizze vorangestellt wissen wollte, gleichsam als Schlüssel zum Verständnis des Ganzen. Leider ist dieses Buch – wie auch alle seine Schriften – über die Jahrhunderte hin mit einem anderen, der Intention des Heiligen ganz entgegengesetzten Schlüssel gelesen worden. Denn seinem Wunsch wurde zwar entsprochen, als das Manuskript 1618, fast vierzig Jahre nach seinem Tod, zum ersten Mal im Druck erschien, jedoch wurde dafür nicht ein Original der Berg-Skizze, sondern die Grafik des El-Greco-Schülers Diego de Astor verwendet. Und Diego de Astor war wohl – ebenso wie die Oberen des Karmelitenordens, die ihn beauftragten – zu sehr vom Zeitgeist der »Werke-« und »Methoden-Frömmigkeit« geprägt, als dass er den Geist des Johannes vom Kreuz hätte verstehen können. Seine Darstellung orientiert sich an den gewohnten Vorbildern: Er malt einen klassischen Berg in der Frontal-Ansicht und lässt den Betrachter von unten her auf den zu bewältigenden Aufstieg schauen. »Eine Überladung mit lateinischen Sinnsprüchen«, schreibt Sr. Elisabeth Peeters OCD, »sowie subtile Änderungen im Aufbau der Zeichnung ließen viel von der ursprünglichen Klarheit und Aussagekraft verloren gehen.«[208]

In dieser Gestalt hat der »Berg der Vollkommenheit« dann über mehr als drei Jahrhunderte hin das gesamte geistliche Vermächtnis des heiligen Johannes vom Kreuz und damit die Wesenszüge der karmelitanischen Spiritualität verfälscht; viele gutwillige Schwestern und Brüder in den Klöstern und in der

Laiengemeinschaft des Ordens wurden so wiederum in eine (zum Teil sehr rigoristische) Werkefrömmigkeit geführt, mit der sie sich und anderen das Leben schwer machten – und die Christenheit ist um eine wertvolle Hilfe *zur Unterscheidung der Geister auf dem Weg des Glaubens* gebracht worden.

Die christliche Art, Mensch zu sein, die Johannes vom Kreuz lehrte und lebte, ist das Abenteuer – das »vollkommene Abenteuer«, sagt Hans Urs von Balthasar[209] –, sich auf einen Weg einzulassen, den »Gott selber mit der Seele geht, auf dem alle ›Technik‹ überholt wird vom Gnadenhandeln Gottes, während die Seele nur aktiv die Hindernisse wegräumt und der Seelenführer die Wege für Gott frei macht«.[210] Es ist das Abenteuer, zu glauben, dass ich »recht« bin für Gott – allein deshalb, weil er mich liebt. Dieser Glaube allein macht zu Werken fähig, die aus seinem Geiste sind.

IX. Orte der Stille –
Aus den Quellen schöpfen

Einen Artikel soll ich schreiben. Auch das noch! Hab ich nicht schon genug zu tun, mehr als genug? Also wieder einen Sonntag am Schreibtisch verbringen und mindestens eine »Nachtschicht« in den nächsten Tagen! Ins Kloster müsste man gehen, sag ich mir in solchen Momenten; ins Kloster, um all dem Stress zu entfliehen ... Nur: Im Kloster bin ich schon. In einem Kloster, in das jährlich über zweitausend Menschen kommen – um sich für ein paar Tage aus dem Alltagsleben zurückzuziehen. Sie suchen die Stille, und sie scheinen sie zu finden; sonst kämen sie ja nicht wieder, die meisten Jahr für Jahr, viele auch öfter. Nur ich, denke ich manchmal, nur ich, der Gästepater, muss sehen, wo ich bleibe ...

»Orte der Stille« heißt das Thema. Ich soll darüber schreiben, wie notwendig diese Rückzugsmöglichkeiten heute sind und welche Bedeutung sie haben. Vor allem für Religionslehrerinnen und Religionslehrer. Die sind in der Tat nicht selten unter den Stillesuchern (wenn sie gerade mal Schulferien haben). Aber was soll ich ihnen sagen? Und überhaupt: Kann man denn über Stille reden? Ein Wort des Papstes, das mir – dem Himmel sei Dank! – genau in diesen Tagen in die Hände fiel, wird mir aus der Patsche helfen. Beim Angelusgebet am 19. November 2006 hat Benedikt XVI. gesagt:

> Angesichts des weitverbreiteten und von vielen Menschen verspürten Bedürfnisses, aus der Alltagsroutine der großen städtischen Ballungszentren auszubrechen und nach Orten zu suchen, die der Stille und der Meditation förderlich sind, bieten sich die Klöster des kontemplativen Lebens als ›Oasen‹ an, in denen der auf Erden pilgernde Mensch besser aus den Quellen des Geistes schöpfen und auf dem Weg seinen Durst

löschen kann. Diese scheinbar nutzlosen Orte sind daher im Gegenteil so unentbehrlich wie die »grüne Lunge« einer Stadt: Sie tun allen gut, auch denen, die sie nicht besuchen oder die vielleicht nicht einmal etwas von ihrer Existenz wissen.

Liebe Brüder und Schwestern, danken wir dem Herrn, der in seiner Vorsehung die Klausurgemeinschaften für Männer und für Frauen gewollt hat. Lassen wir es ihnen nicht an unserer geistlichen und auch materiellen Unterstützung fehlen, damit sie ihren Auftrag erfüllen können, der darin besteht, die sehnsüchtige Erwartung der Wiederkunft Christi in der Kirche lebendig zu erhalten.[211]

Eigentlich ist damit schon alles gesagt. Recht hat er, der Papst. Wer mehr lesen will über den Wert der Stille oder nach Adressen von Orten sucht, an denen er Stille finden kann, braucht nur in die nächste Buchhandlung zu gehen oder sich durchs Internet zu googlen: Noch nie in der langen Geschichte der christlichen Spiritualität sind so viele Bücher über die Stille und das Schweigen geschrieben worden wie heute[212], und Klosterführer[213] und einschlägige Prospekte gibt es, in Web- und in Printversion, in Hülle und Fülle ...

Freilich, ein bisschen genauer hinschauen muss man wohl schon: Wie ist das wirklich mit den *Oasen* und den *grünen Lungen*, von denen Papst Benedikt da schreibt, und mit dem *Durstlöschen auf dem Weg des pilgernden Menschen*? (Zitate aus seiner Ansprache setze ich in Kursivschrift.)

Wenn es denn also sein soll, hier ein paar am Papstwort entlang formulierte Gedanken eines Zeitgenossen, der tagein, tagaus darum bemüht ist, Religionslehrern und anderen Stillesuchern Stille zu ermöglichen.

1. Auch ich liebe die Stille, und ich brauche sie. Deshalb bin ich vor achtundzwanzig Jahren ins Kloster gegangen. In ein *Klos-*

ter des kontemplativen Lebens, wie Papst Benedikt sich ausdrückt. Der männliche Zweig des Teresianischen Karmel gehört zwar nicht zu den »rein kontemplativen« Orden, sondern, nach dem Wunsch der Gründerin Teresa von Ávila, zu den kontemplativ-seelsorglichen Gemeinschaften in der Kirche; aber das Schweigen und die Stille haben doch einen beachtlichen Platz im Tageslauf. Und auch die Gottesdienste, das gemeinsame Stundengebet und die Betrachtungszeiten (täglich zwei) sind in den Karmelklöstern vom Geist der Stille, der Einfachheit und der Besinnung geprägt. Ins Kloster eines solchen Ordens bin ich eingetreten, weil ich genau dieses Maß und diese Art von Stille brauche. Um Mensch zu sein. Ich würde mehr gelebt werden als leben, hätte ich sie nicht. Ich weiß auch – aus Erfahrung –, dass zwischen Gott und mir nicht viel laufen würde, gäbe es in meinem Lebensalltag nicht die Zeiten des Schweigens und der stillen Zurückgezogenheit. Ich würde dann – auch das weiß ich aus persönlicher Erfahrung – in Seelsorge und Glaubensverkündigung von einem Gott reden, den ich selbst nicht kenne, und das möchte ich keinem Menschen antun.

Anderen mag es anders gehen. Mir geht es so. Ich brauche einen Ort der Stille. Zum Leben. Und um authentisch zu sein. Zweimal im Jahr, für drei Wochen und für eine Woche, verlasse ich deshalb sogar das Kloster und ziehe mich aus meinem sehr gefüllten Arbeitsalltag in die Stille zurück.

2. In der Tat: Das *von vielen Menschen verspürte Bedürfnis, aus der Alltagsroutine der städtischen Ballungszentren auszubrechen*, ist groß. Das hat er gut beobachtet von Rom aus, der Papst. Wenigstens am Wochenende wollen viele das quirlige Großstadtleben hinter sich lassen, um »Atem zu holen« in einer ruhigen Gegend. Meine Ordensmutter Teresa glaubte noch, damals im Spanien des 16. Jahrhunderts, es sei wichtig, kontemplative Klöster möglichst inmitten der großen Städte zu gründen, um den Menschen nahe

zu sein. Sie hatte Recht, und auch heute sind geöffnete Kirchen und betende Gemeinschaften ein Segen für jede Stadt. Doch jetzt, im 21. Jahrhundert, im Zeitalter der zunehmenden Städteflucht und der allgemeinen Mobilität, würde Teresa mit ihren Schwestern und Brüdern wohl vor allem in gut erreichbare, aber eher abseits gelegene Orte gehen, dorthin, wohin es auch die geistlich Suchenden heute zieht: an Orte eben, *die der Stille und der Meditation förderlich sind,* an denen *der auf Erden pilgernde Mensch besser aus den Quellen des Geistes schöpfen und auf dem Weg seinen Durst löschen kann.*

Warum ist das Bedürfnis nach Abgeschiedenheit und Stille so groß? Wohl, weil es so vielen Menschen ähnlich geht wie mir. Und nicht nur solchen, die in großstädtischen Ballungszentren leben. Kleinstädter und Dorfleute machen den Hauptanteil der Stillesuchenden aus, auch in unserem Kloster. Selbst Mönche und Nonnen aus kontemplativen Klausurorden ziehen sich hierher zurück. Aus allen Berufen kommen sie, und Religionslose, vor allem hier aus dem Osten Deutschlands, sind ebenso darunter wie Religiöse mit und ohne konfessionelle Bindung. Dass sie fast alle regelmäßig wiederkommen, zeigt, dass auch sie die Stille lieben. Und sie brauchen. Der Mensch kann nicht Mensch sein, der Christ nicht Christ und der Religionslehrer nicht authentisch, wenn er nicht – wenigstens von Zeit zu Zeit – einen Ort der Stille hat.

Vielen mag es anders gehen. Vielen geht es so. Es scheint mir eine Frage der Ehrlichkeit zu sein, gegenüber sich selbst, gegenüber den Mitmenschen in Familie und Berufsfeld und gegenüber Gott, ob, wann, wie oft und wohin einer *ausbricht aus der Alltagsroutine.* Und wohl auch eine Frage des Verantwortungsbewusstseins gegenüber dem Leben, dem eigenen und dem der anderen.

3. Stille, das ist ein innerer Zustand. Und der ist wohl zuerst gemeint, wenn Papst Benedikt von einem *von vielen Menschen verspürten Bedürfnis* spricht, von einer Sehnsucht also geradezu.

Aber die äußere Stille – diese Erfahrung machte schon der alttestamentliche Elija (vgl. 1 Kön 9,8–14) – kann helfen, das so lebensnotwendige Stillsein im Innern zu finden. Sie *tut allen gut*. Jedenfalls vielen. Manchen auch nicht, zunächst einmal nicht: Ist es außen leise und stehen die Räder der Alltagsroutine still, kann es innen umso lauter werden. Gerade im Gästehaus eines Klosters oder an einem anderen Ort der Stille. Manch einen stört dann im Zimmer noch die Fliege an der Wand und bei den Mahlzeiten im Schweigen noch das Löffelklappern der Tischnachbarn. Es braucht viel Selbsterkenntnis, um zu begreifen, dass es die eigenen Gedanken sind, die unruhig hin und her fliegen, und dass es das Säbelrasseln der verletzten, nach Vergeltung trachtenden Gefühle ist, das sich im Löffelklappern nur spiegelt. Nein, der Himmel auf Erden ist der Ort der Stille nicht, und kein noch so besorgter Gästepater kann ihn »herstellen«. Immer wird eine Tür quietschen, der Hausmeister irgendwo ein Loch bohren müssen oder in der Nachbarschaft ein Hund bellen.

Zeiten der Stille sind »Exerzitien«, sagen die alten Lehrmeister des geistlichen Lebens (längst schon, bevor mit Ignatius von Loyola die Exerzitienbewegung begann). Exerzitien sind »Übungen«, mühsame manchmal sogar. »Geübt« werden soll in äußerer Zurückgezogenheit und Stille das Stillwerden im Innern: das Stillseinkönnen im Innern auch dann, wenn es außen laut ist, gleich unter welchen äußeren Lebensbedingungen. Die Auszeit an einem Ort der Stille hätte wenig gebracht – außer Erholung für Leib und Nervenkostüm vielleicht, was freilich auch von Wert ist –, wenn nicht der »Ort« im Innern entdeckt oder wiedergefunden würde, an dem die Gedanken ihren Halt finden, die Emotionen ihre Klarheit und der Geist seine Lebensquelle. »Du musst dir im Innern deiner Seele eine kleine Zelle bauen«, schreibt Elisabeth von Dijon (1880–1906) aus ihrem Kloster an eine Freundin[214], und als Karmelitin weiß sie, wovon sie spricht: Aus seiner Mitte kann auch in der Klosterzelle nur leben, wer sich eine »innere Zelle« zu bauen und in die »inneren Wohnungen« (Teresa von Ávila) einzukehren weiß.

4. Die Seele der Stille ist das Schweigen. Meinen Stillesuchern sage ich deshalb am Beginn eines Exerzitienkurses: Das Wort »schweigen« ist für die nächsten Tage dick zu unterstreichen; es bedeutet: nicht leise reden, sondern gar nicht reden, und nicht manchmal gar nicht reden, sondern immer gar nicht reden ... Wofür ein solches durchgängiges Schweigen gut sein soll? Alle, die sich bis zum Abschluss der Exerzitientage daran halten, wissen es hinterher. Und weil sie die Heilkraft mehrtägigen Schweigens selbst erfahren haben (manche zum ersten Mal in ihrem Leben), kommen sie immer wieder.

5. Und die Seele des Schweigens ist das Gebet. Der Papst spricht von *Meditation*. Ein Allerweltswort heute. Im Sinne der christlichen Tradition, wie Papst Benedikt es versteht, ist ein betendes Meditieren gemeint und ein meditierendes Beten, ein »Vereintsein« mit Gott im Dialog, im Reden und im Zuhören; in einem wirklichen »Gespräch«, wie die Meister des geistlichen Lebens zu sagen sich nicht scheuen. »Du denkst dann«, schreibt Elisabeth von Dijon ihrer Freundin, »dass Gott in deiner inneren Zelle zugegen ist, und betrittst sie von Zeit zu Zeit. Wenn du deine Nerven spürst oder dich unglücklich fühlst, so flüchtest du dich rasch dahin und vertraust dem Meister alles an. [...] Du hast dich früher immer so gerne neben mich gesetzt, um mir deine Geheimnisse anzuvertrauen. Auf die gleiche Weise muss man zu ihm gehen. Wenn du nur wüsstest, wie gut er versteht! Du würdest nicht mehr so leiden, wenn du dies begreifen könntest.«[215]

Es kann freilich von großem Nutzen und manchmal sogar lebensnotwendig sein, die persönliche Situation und das Durcheinander der Gedanken und Gefühle vor einem Menschen auszusprechen, vor einem Seelsorger vielleicht, auch während der

Auszeit am Ort der Stille. Doch gereiftes Menschsein und mündiges Leben aus dem Glauben wird erst so recht möglich, wenn der Mensch es lernt, mit seinen Sorgen, Fragen und Problemen auch einmal allein zu bleiben – und dann doch nicht allein damit zu bleiben, sondern all das, was ihn da aktuell bewegt, zum Thema seines Betens zu machen. Sich bei Gott selbst »aussprechen« und »auf seine Stimme hören«, das ist *kontemplatives Leben*. Und es einüben können oder wiedererwecken, das ist es, was Orte der Stille vor allem zu *bieten* haben.

6. Um *geistliche und materielle Unterstützung* für die Orte kontemplativen Lebens bittet der Papst. Auch da kann ich ihm nur zustimmen. Was die *materielle* (finanzielle) Unterstützung betrifft: Es gibt wohl, auch in unserem Land, kein einziges Exerzitienhaus und kein einziges christliches »Haus der Stille«, das seine laufenden Ausgaben durch die Pensionsgebühren seiner Stillesucher decken könnte; die *scheinbar nutzlosen Orte*, die so *unentbehrlich wie die ›grüne Lunge‹ einer Stadt* sind, produzieren ja nichts – außer »Frischluft« zum »Atem holen«. Obendrein werden die Preise so moderat gehalten, dass Exerzitien und persönlich gestaltete stille Tage nicht zum unerschwinglichen Luxusgut werden.

Und die *geistliche* Unterstützung, worin könnte sie bestehen? Vor allem im einfühlsamen Respekt vor der Stille und der Zurückgezogenheit derjenigen Frauen und Männer, die anderen eine Auszeit an einem Ort der Stille ermöglichen. Das kann damit beginnen, dass man, um sich an sie zu wenden, den guten alten Postweg wählt, statt zu jeder Tages- und Nachtzeit das Klostertelefon zum Schrillen zu bringen ... Denn auch sie wollen, auf ihre Weise, den *Auftrag erfüllen*, der uns allen gemeinsam ist: *die sehnsüchtige Erwartung der Wiederkunft Christi in der Kirche lebendig zu erhalten.*

7. Orte der Stille sind wie *Oasen*, sagt der Papst, *in denen der auf Erden pilgernde Mensch besser aus den Quellen des Geistes schöp-*

fen und auf dem Weg seinen Durst löschen kann. Warum ist das so? Warum machen selbst religionslose Menschen die Erfahrung, dass sie die Stille der »Oase« brauchen? Diese Frage möchte ich Edith Stein beantworten lassen, denn sie kennt sich bestens aus eigener Erfahrung im religiösen wie im religionslosen Herzen aus: »Im ›Inneren‹ ist das Wesen der Seele«, so schreibt sie, »nach innen aufgebrochen. Wenn das Ich hier lebt – auf dem Grunde seines Seins, wo es eigentlich zu Hause ist und hingehört –, dann spürt es etwas vom Sinn seines Seins und spürt seine gesammelte Kraft vor ihrer Teilung in einzelne Kräfte. Und wenn es von hier aus lebt, so lebt es ein volles Leben und erreicht die Höhe seines Seins. Was an Gehalten von außen aufgenommen wird und bis hierher vordringt, das bleibt nicht nur gedächtnismäßiger Besitz, sondern kann ›in Fleisch und Blut‹ übergehen. So kann es zum lebenspendenden Kraftquell in ihr werden. [...] Das ist es, was die Kenner des inneren Lebens zu allen Zeiten erfahren haben: Sie wurden in ihr Innerstes hineingezogen durch etwas, was stärker zog als die ganze äußere Welt; sie erfuhren dort den Einbruch eines neuen, mächtigen, höheren Lebens, des übernatürlichen, göttlichen.«[216]

Mehr zum Thema »Orte der Stille« gibt es eigentlich nicht zu sagen. Nur die Erfahrung, nicht die Theorie, kann überzeugen. Auch hier gilt das Jesus-Wort: »Kommt und seht!« (Joh 1,39)

X. Zeitdiagnosen – und ein prophetischer Zuruf

Es war 1922, als der katholische Theologe Romano Guardini (1885–1968) die Öffentlichkeit mit der Feststellung überraschte: »*Ein religiöser Vorgang von unabsehbarer Tragweite hat eingesetzt: Die Kirche erwacht in den Seelen.*«[217] Dieses programmatische Wort richtete sich vor allem an die jungen Menschen, die nach den Schrecken des Ersten Weltkrieges – enttäuscht von Politik, Industrie, Wirtschaft und bürgerlicher Kultur – jede menschliche und geistige Stütze verloren sahen. Gerade ihnen, den Heimkehrern aus den Schützengräben, den Arbeitern und den Arbeitslosen, den Studenten und ihren Lehrern wollte Romano Guardini das Stichwort für eine neue Identitätsfindung zurufen.

Zu Beginn desselben Jahres, am 1. Januar 1922, hatte die junge Philosophin Dr. Edith Stein (1891–1942) in Bad Bergzabern die Taufe empfangen und sich in die Katholische Kirche aufnehmen lassen. Dieser Schritt, vorbereitet durch ihre lange Suche nach Wahrheit, scheint die Zeitdiagnose des Theologen eindrucksvoll und an einem prominenten Beispiel zu bestätigen.

Doch es sollte sich schon bald zeigen, dass es, aufs Ganze gesehen, eher das *Unbehagen an der Kirche* war, das da in den Menschen erwachte und gerade die »Wahrheitssucher« von der Kirche fernhielt, ja sie aus ihr hinausführte – ein Prozess, der im Fortgang des Jahrhunderts drastisch zunehmend weiterwirkte bis in unsere Tage hinein ...

Eine einfühlende Wahrnehmung dieser »Kirchenfernen« lässt uns heute erahnen, dass hinter solchem Unbehagen ein Erwachen von noch größerer Tragweite im Gange war, als Romano Guardini es seinerzeit bemerkt hatte: das Erwachen eben jener *Wahrheitsliebe*, von der auch Edith Stein getrieben war, verbunden mit einer tiefen Sehnsucht nach einem tragfähigen Lebenssinn – nach einem Lebenssinn, der zu einer *Spiritualität* zu werden die Kraft hat, zu einer von innen her lebbaren *spirituellen Lebensart*.

Die Sehnsucht nach Lebenssinn ließ die Suchenden bei den Kirchen anklopfen und in den Kirchen nach Wegweisung fragen. Die Wahrheitsliebe, die zusammen mit einer hochsensiblen Fähigkeit erwachte, das Echte vom Schein zu unterscheiden, das für Herz und Verstand Nahrhafte von dem, was heute Kardinal Walter Kasper (geb. 1933) »Theolalie, Gottesgeschwätz« nennt[218], das Gesunde vom Krankmachenden, ließ sie die Kirchen (wieder) verlassen.

Dass diese Einschätzung nicht ganz falsch sein kann, zeigt das Bekenntnis eines Zeitgenossen Romano Guardinis und Edith Steins, des Schriftstellers Hermann Hesse (1877–1962): »Ich bin ein Dichter, ein Sucher und Bekenner, ich habe der Wahrheit und der Aufrichtigkeit zu dienen (und zur Wahrheit gehört auch das Schöne, es ist eine ihrer Erscheinungsformen), ich habe einen Auftrag, aber einen kleinen und beschränkten: ich muß anderen Suchenden die Welt verstehen und bestehen helfen, und sei es nur, indem ich ihnen den Trost gebe, daß sie nicht allein seien. Christus aber ist nicht ein Dichter gewesen, sein Licht war nicht an eine vereinzelte Sprache gebunden und an eine kurze Epoche, er war und ist ein Stern, ein Ewiger. Wären seine Kirchen und Priester so wie er selbst, dann bedürfte es der Dichter nicht.«[219]

Erst im Zweiten Vatikanischen Konzil (1962–1965) hat sich die Katholische Kirche dieser Wirklichkeit stellen können. Die Konzilsväter bekannten sich dazu, dass der Auszug aus den Kirchen und der zunehmende Atheismus »verschiedene Ursachen« hat, zu denen auch »die kritische Reaktion gegen die Religionen, und zwar in einigen Ländern vor allem gegen die christliche Religion« zähle; deshalb, so erklärten sie, »können an dieser Entstehung des Atheismus die Gläubigen einen erheblichen Anteil haben, insofern man sagen muss, dass sie durch Vernachlässigung der Glaubenserziehung, durch missverständliche Darstellung der Lehre oder auch durch die Mängel ihres religiösen, sittlichen und gesellschaftlichen Lebens das wahre Antlitz Gottes und der Religion eher verhüllen als offenbaren«.[220]

Romano Guardini selbst hatte wohl schon bald erkannt, dass es diese *wahrheitsliebende Sehnsucht nach Lebenssinn* ist, die da »in den Seelen erwacht« war. Und dass diese Sehnsucht nicht die Kirche zum Ziel hat, sondern den, als dessen Sachwalterin die Kirche sich versteht. *Jesus* war in den Seelen erwacht, *das existenzielle Interesse an ihm und seiner Botschaft*, an seiner Spiritualität und an seiner spirituellen Lebensart! Das bestätigte sich, als der Theologe 1937 – fünfzehn Jahre nach seinem Buch über die Kirche – eines der ersten, für einen breiten Leserkreis bestimmten und doch zugleich nach dem (damaligen) Stand der bibelwissenschaftlichen Forschung verfassten Jesus-Bücher veröffentlichte: Unter dem Titel *Der Herr*[221] erreichte es schnell viele Auflagen; bis in die Konzilsjahre hinein wurde es, trotz seines voluminösen Umfangs, gern gelesen und unter den Wahrheitssuchern geradezu als »Geheimtipp« gehandelt.

Aber auch Romano Guardini war ein Kind seiner Zeit und in Sprache und Theologie noch sehr an die herkömmliche Art der Glaubensvermittlung gebunden. Hermann Hesse wiederum sprach aus, was wohl viele Suchende damals in den Jahren vor dem Konzil empfunden haben; in einem Brief von 1961 schrieb er: »Er (Guardini) und Reinhold Schneider sind die beiden guten Katholiken im deutschen Schrifttum unserer Zeit, beide weise, beide weitherzig und frei von Fanatismus. Und dennoch verstehen beide, oder doch Guardini, unter ›Glauben‹ die genaue, allein gültige, allein seligmachende katholische Dogmatik [...] Die Annahme dessen, was Guardini ›Glaube‹ nennt, ist nun einmal unmöglich ohne das Opfer der Vernunft. Dieses Opfer bringen heißt für mich: Wegwerfen einer der edelsten Gaben Gottes.

Dennoch, ich habe vor Männern wie Guardini große Hochachtung.«[222]

Spätestens zu Beginn der 1970er-Jahre erlangte das Interesse an der biblischen und historischen Gestalt Jesu eine nicht mehr zu übersehende Kraft. Zugleich zeigte die aus fernöstlichen Religionen kommende »Meditationswelle« an, dass es tatsächlich vor allem Spiritualität und spirituelle Lebensorientierung war, was man da suchte. Eine Fülle von Jesus-Literatur wurde geschrieben, ihr Strom setzte sich fort bis in die späten 1990er-Jahre hinein. Vor den Augen der Leser und Leserinnen erschien der Gottessohn endlich als der, der er nach urchristlichem Glauben der Kirche (auch) ist: ein »wahrer Mensch«. Nun konnte er ihr Bruder werden. Seine Lehre entpuppte sich als Frohbotschaft aus »Geist und Leben« (Joh 6,63); sie lernten nun erst recht, der Buchstaben-Religion und jeder Art von Drohbotschaft zu misstrauen, und sie hatten das entscheidende Kriterium zur Hand, um die Geister zu unterscheiden.

»Jesus ja – Kirche nein«, hieß es bald, den einen zum Entsetzen, den anderen – wenigstens scheinbar und wenigstens fürs Erste – als klärende und befreiende Richtschnur in ihrem Suchen. Viele in den Kirchen, viele von denen zumal, die ihrer Kirche das offizielle Gesicht geben, bemerkten dahinter weder die erwachte Wahrheitsliebe noch die erwachte Sehnsucht nach spirituellem Leben. Fehlte es an *Einfühlung* in unsere Gläubigen und in die an Zahl immer größer werdenden »Ungläubigen« um uns herum? Fehlte es an tief genug verwurzelter *Gottes- und Nächstenliebe*, die um Gottes und um der Suchenden willen den Mut hätte aufbringen können, den alten Glauben neu, verständlich und für Herz und Vernunft nachvollziehbar zu verkünden? Fehlte es an *Innerlichkeit*, um »überlegt« und überzeugend in der geschichtlichen Stunde zu handeln? Und während bereits Strukturreformen ausgeklügelt wurden, um auf Mitgliederschwund und Personalnotstand in den Gemeinden zu reagieren, wartete mancher noch immer auf das Erwachen der Kirche in den Seelen, ohne wahrzunehmen, dass sie bereits da waren – und zu jeder Zeit da sind –, die vielen erwachten Seelen, die die *Kirche* in den Kirchen gestalteten und gestalten wollten ...

Johann Baptist Metz (geb. 1928), der prominente Rahner-Schüler, überraschte mit einer neuen Zeitdiagnose, als er 1993 in seiner Abschiedsvorlesung in Münster sagte: »Die Krise, die das europäische Christentum befallen hat, ist nicht mehr primär oder gar ausschließlich eine Kirchenkrise [...] Die Krise sitzt tiefer: Sie ist keineswegs nur im Zustand der Kirchen selbst begründet: Die Krise ist zur Gotteskrise geworden.«[223] Wie sehr er Recht behalten sollte, zeigte sich, als sich bald darauf die Anzeichen für ein *Wiedererwachen der Religion* verdichteten: Die kirchliche Gottesverkündigung konnte die Wiedererwachten kaum erreichen; sie reisten zu den Gurus im In- und Ausland und stöberten verstohlen in den Esoterik-Regalen der Buchhandlungen nach Literatur mit dem Etikett »Spiritualität«. Das »fundamentale Problem«, so resümiert heute Kurt Koch, der Vorsitzende der Schweizer Bischofskonferenz, »lässt sich in der Kurzformel festmachen: ›Religion ja – ein persönlicher Gott nein‹«.[224] Ob Kirchenkrise oder Gotteskrise – »diese Krise«, so Bischof Kurt Koch, »besteht vornehmlich in einem weitgehenden Verblassen des biblisch-christlichen Bildes Gottes als eines in der Geschichte gegenwärtigen und handelnden Gottes.«[225]

Inzwischen kam ein Prophet des Weges, Eugen Biser (geb. 1918), katholischer Theologe und Religionsphilosoph in München. Er erinnerte – 1989 schon – an das programmatische Wort Romano Guardinis und sagte: »Wollte man sich auf das Wagnis einlassen, diesen Zuspruch in einer zeitgerechten, auf die gewandelten Verhältnisse der Gegenwart abgestimmten Fassung zu wiederholen, so müsste er lauten: *Ein kaum erst wahrgenommener und dennoch höchst bedeutsamer Vorgang ist eingetreten: Die spirituelle Auferstehung Jesu im Glauben und Unglauben unserer Zeit!*«[226]

Und er sagte und schrieb es ähnlich lautend seither immer wieder: Ob wir den Auferstandenen – und mit ihm seine Botschaft vom Gott der bedingungslosen, zum Lieben und zur Wahrheit herausfordernden Liebe – auferstehen lassen in die Kirche hinein und hinein in den Seelenhunger so vieler Menschen, hinein in ihre wahrheitsliebende Sehnsucht nach *Geist und Leben*, daran hänge die Zukunft des Christentums und die Zukunft der Welt.[227]

Andere Stimmen bilden längst ähnlich klingend mit ihm einen Chor: »Die Zukunft der christlichen Religion ist angesichts der Verknüpfung [...] mit dem Überleben der Menschheit wesentlich davon bestimmt, wie weit und wie nachdrücklich es den Christen und Christinnen als Einzelne wie auch den durch sie gebildeten kirchlichen Gemeinschaften gelingen wird, das spezifisch Christliche als das Programm von Freiheit und Humanität in der Welt der Gegenwart zu vermitteln«; so zur Jahrtausendwende zum Beispiel Wolfgang Beinert (geb. 1933), der Regensburger Professor für katholische Dogmatik und Dogmengeschichte.[228] Und kürzlich erst, anlässlich seines 75. Geburtstags im April 2008, Kardinal Walter Kasper: »Es ist [...] Zeit, von Gott zu reden, Gott zu bezeugen und zu denken. Wenn sich die Theologie im gegenwärtigen pluralistischen Stimmengewirr der Meinungen Gehör verschaffen will, dann muss sie zuerst und vor allem wissen, was sie selber ist. Relevanz kann sie nur haben, wenn sie ihre unverwechselbare Identität als Theologie, das heißt als Rede von Gott festhält. Tut sie das nicht, dann verkommen Theologie und Kirche zu ethisch-moralischen Anstalten, auf die auf Dauer niemand mehr gerne hören mag. Redet sie dagegen in neuer und frischer Weise vom lebendigen, frei machenden Gott, der Liebe ist, dann kann sie der Würde des Menschen und der Wahrheit der

Wirklichkeit dienen, und in all den Aporien der Gegenwart Perspektiven der Hoffnung eröffnen. Darum nochmals: Es ist Zeit, es ist höchste Zeit, von Gott zu reden.«[229]

Vieles spreche dafür, schreibt Eugen Biser, dass dem Unbehagen an der Kirche und dem scheinbaren Glaubensverlust »das Aufdämmern eines neuen Glaubensbewusstseins zugrunde liegt, so diffus sich dieses derzeit noch darstellen mag«.[230] Hinter solchem Aufdämmern und Erwachen, so glaubt er, stehe nichts anderes als das Wirken eines »inwendigen Lehrers«[231], das Heilswirken eben dieses verborgen-gegenwärtigen Auferstandenen selbst; *der* sei es, der die Seelen geweckt hat an dieser »glaubensgeschichtlichen Wende«; *der* sei es, der die wahrheitsliebende Sehnsucht schürt, diesen Hunger – noch »im Zeichen der Anonymität, der Verborgenheit und des Entzugs«[232] – nach *seiner* Spiritualität und nach *seiner* spirituellen Lebensart.[233]

Anmerkungen

1 H.-J. Höhn, Zerstreuungen. Religion zwischen Sinnsuche und Erkenntnismarkt, Düsseldorf 1998, S. 21.
2 K.-P. Jörns, Glaubwürdig von Gott reden. Gründe für eine theologische Kritik der Bibel, Stuttgart 2009, S. 130.
3 Ebd., S. 141.
4 E. Strittmatter, Gott, zuletzt veröffentlicht in: Dies., Sämtliche Gedichte, Berlin 2006, S. 189.
5 Ebd.
6 K.-P. Jörns, Notwendige Abschiede. Auf dem Weg zu einem glaubwürdigen Christentum, Gütersloh 2004, S. 69.
7 Dieser Beitrag ist eine aktualisierte Zusammenfassung meines Buches: Weisheit – die Spiritualität des Menschen, Leipzig 2004 (vergriffen).
8 Zur Geschichte Alexandrias siehe z.B.: G. Grimm, Alexandria. Die erste Königsstadt der hellenistischen Welt. Bilder aus der Nilmetropole von Alexander d. Gr. bis Kleopatra VII., Mainz 1998; M. Pfrommer von Zabern, Alexandria. Im Schatten der Pyramiden, Mainz 1999.
9 Siehe dazu: S. Schroer, Die Weisheit hat ihr Haus gebaut. Studien zur Gestalt der Sophia in den biblischen Schriften, Mainz 1996, bes. S. 110–125.
10 Als Kommentare zum Buch der Weisheit seien empfohlen: H. Engel, Das Buch der Weisheit (Reihe: Neuer Stuttgarter Kommentar/Altes Testament, Bd. 16), Stuttgart 1998; H. Hübner, Die Weisheit Salomons (Reihe: Altes Testament Deutsch/Apokryphen Bd. 4), Göttingen 1999.
11 Siehe dazu: E. Tiefensee, »Religiös unmusikalisch« – zu einer Metapher von Max Weber, in: B. Pittner/A. Wollbold (Hg.), Zeiten des Übergangs (FS F. G. Friemel), Leipzig 2000, S. 119–136.
12 Theaitetos 155 D, s. in: Platon, Theätet. Griech.-Dtsch., übers., durchges., überarb. u. kommentiert v. A. Becker, Frankfurt/M. 2007.
13 Thomas von Aquin, Summa theologica I, 79,8. – Siehe dazu: J. B. Lotz, Verstand und Vernunft bei Thomas von Aquin, Kant und Hegel, in: Wissenschaft und Weltbild 15 (1962), S. 193–208.
14 Näher dargestellt in meiner Dissertationsschrift: Mystik – Quell der Vernunft. Die Rolle der ratio auf dem Weg der Vereinigung mit Gott bei Johannes vom Kreuz (EThSt 60), Leipzig 1990, S. 67–83 (Das Erkenntnisvermögen in der sanjuanischen Ontologie des Geistes). – Zusammenfassend auch in: Spiritualität des theologischen Denkens, in: E. Coreth/W. Ernst/E. Tiefensee (Hg.), Von Gott reden in säkularer Gesellschaft (FS Feiereis, EThSt 71), Leipzig 1996, S. 75–86.

15 F. W. J. Schelling, Philosophie der Offenbarung (1831/32), hg. v. W. E. Ehrhardt, Hamburg 1992, Bd. 1, S. 152f; Hervorhebungen ebd.
16 Zu W. Solowjew und seinem Schülerkreis s. einführend: U. Schmid, Russische Religionsphilosophen des 20. Jahrhunderts, Freiburg/Basel/Wien 2003.
17 M. Frensch, Weisheit in Person. Das Dilemma der Philosophie und die Perspektive der Sophiologie, Schaffhausen 2000.
18 Siehe dazu: ebd. u.: H. P. Sturm, Urteilsenthaltung – oder Weisheitsliebe zwischen Welterklärung und Lebenskunst, Freiburg/München 2002.
19 W. Burkert, The Problem of Ritual Killing, in: G. Hamerlon-Kelly (Hg.), Violent Origins, Stanford 1987 (S. 156–188) S. 163 u. S. 171. – Vgl. auch: M. Eliade, Geschichte der religiösen Ideen, Bd. 2, Freiburg/Basel/Wien 2002, S. 222–227.
20 G. Baudler, Töten und Lieben. Gewalt und Gewaltlosigkeit in Religion und Christentum, München 1994, S. 57.
21 Deutsche Ausgabe: A. Comte-Sponville, Woran glaubt ein Atheist? Spiritualität ohne Gott, Zürich 2008.
22 Ebd., S. 10.
23 Ebd., S. 161.
24 G. Marcel, Der Untergang der Weisheit. Die Verfinsterung des Verstandes, Heidelberg 1960 (Le Declin de la Sagesse, Paris 1954); M. Horkheimer, Vernunft und Selbsterhaltung, Frankfurt/M. 1970 u. a. Schriften desselben Autors.
25 E. Biser, »Christus und Sophie«. Die Neuentdeckung Jesu im Zeichen der Weisheit, Kath. Akademie Augsburg (Akademie-Publikationen Nr. 81) 1987, S. 17.
26 Ebd., S. 19f.
27 Ebd., S. 17.
28 E. Biser, Die Entdeckung des Christentums. Der alte Glaube und das neue Jahrtausend, Freiburg/Basel/Wien 2000, S. 167.
29 R. Panikkar, Einführung in die Weisheit, Freiburg/Basel/Wien 2002, S. 22.
30 J. Rau, Dialog der Kulturen – Kultur des Dialogs. Toleranz statt Beliebigkeit, Herder 2002.
31 G. Scobel, Weisheit. Über das, was uns fehlt, Köln 2008, S. 409–423.
32 Ebd., S. 416.
33 M. Buber, Begegnung. Autobiographische Fragmente, Heidelberg 1986, S. 90.
34 Ebd.
35 Ebd., S. 88.
36 M. Buber, Ich und Du, Köln 1966, S. 18.
37 Ebd., S. 44.

38 Ebd., S. 16.
39 Begegnung (s. Anm. 33), S. 10f.
40 Ich und Du (s. Anm. 36), S. 22.
41 Ebd., S. 49.
42 Cherubinischer Wandersmann V 200.
43 Ich und Du (s. Anm. 36), S. 9.
44 Ebd., S. 37.
45 Ebd., S. 23.
46 M. Buber, Aus einer philosophischen Rechenschaft, in: Ders., Schriften zur Philosophie (Werke Bd. 1), München 1962, S. 1114.
47 Ich und Du (s. Anm. 36), S. 10.
48 Ebd., S. 91 u. dann öfter.
49 Ebd., S. 129f.
50 J. Ratzinger, Einführung in das Christentum. Vorlesungen über das Apostolische Glaubensbekenntnis (Erstausgabe: München 1968), München 2000, S. 39f.
51 M. Machovec, Jesus für Atheisten. Mit einem Geleitwort von H. Gollwitzer, Stuttgart, 4. Aufl. 1975, S. 1.
52 Benedikt XVI., Enzyklika: Gott ist die Liebe, Nr. 1 u. 7.
53 E.-M. Faber, Deus Caritas est. Zur ersten Enzyklika von Papst Benedikt XVI., in: Theologie und Seelsorge. Die Internetzeitschrift der Theol. Hochschule Chur (26.01.2006).
54 Ich und Du (s. Anm. 36), S. 22.
55 Ebd.
56 W. Kasper, Es ist Zeit, von Gott zu reden, in: G. Augustin (Hg.), Die Gottesfrage heute, Freiburg i. Br. 2009 (S. 13–31), S. 18.
57 Predigt 16, in: Meister Eckehart, Deutsche Predigten und Traktate, hg. u. übers. v. J. Quint, München 1979 (S. 225–228), S. 227.
58 J. Werbick, Den Glauben verantworten. Eine Fundamentaltheologie, Freiburg/Basel/Wien: Herder 2000, S. 102.
59 Ebd.; vgl. S. 5.
60 Deus Caritas est, Nr. 10.
61 M. L. Kaschnitz, Seid nicht so sicher, Gütersloh 1979, S. 73f.
62 Hier zitiert nach dem Gotteslob für das Bistum Limburg, Nr. 837.
63 Deus caritas est, Nr. 1.
64 Siehe z. B.: P. Eicher, Art.: Auferstehung, in: Ders. (Hg.), Neues Handbuch theologischer Grundbegriffe. Neuausgabe 2005, Bd. 1, München 2005, S. 117–138.
65 Aurelius Augustinus, De civitate Dei, XXII 6,2: »Igitur simpla eius mors profuit duple nostre, et simpla eius resurrectio profuit duple resurrectioni nostre. *Due sunt mortes nostre et due resurrectiones nostre*; una est mors Domini et una resurrectio eius.«

66 M. Kaléko, Verse für Zeitgenossen, Reinbek 1980, S. 9.
67 G. Marcel, Der Tote von morgen. Schauspiel aus dem Jahr 1919, aus d. Französischen übertr. u. mit einem Nachwort versehen v. M. Reck, St. Ottilien 2001, S. 94.
68 S. Freud, Das Unbehagen in der Kultur, in: Sigmund Freud: Studienausgabe, Bd. IX, Frankfurt/M. 1974, S. 214.
69 So die Botschaft Sigmund Freuds pointiert zusammenfassend der Schweizer kath. Theologe Johannes B. Brantschen in: Ders., Hoffnung für Zeit und Ewigkeit. Der Traum von wachen Christenmenschen, Freiburg/Basel/Wien 1992, S. 75.
70 Ausführlicher in meinem Buch: Warum ich an das ewige Leben glaube, Leipzig 2008.
71 Zitiert nach: H. Kessler, Wie Auferstehung denken?, in: Christ in der Gegenwart 16/2006 (S. 125–126), S. 126.
72 MKS 116, Münsterschwarzach 1999.
73 Teresa von Ávila, Das Buch meines Lebens. Vollständige Neuübertragung (Gesammelte Werke Bd. 1), hg., übers. u. eingel. v. U. Dobhan OCD/E. Peeters OCD, Freiburg/Basel/Wien 2001, S. 156f. (Kap. 8,5).
74 E. Stein, Liebe um Liebe, in: Geistliche Texte I (ESGA 19), S. 77.
75 E. Stein, Die ontische Struktur der Person und ihre erkenntnistheoretische Problematik, in: Bd. VI der älteren Werkausgabe (ESW), Welt und Person, S. 194f.
76 In: E. Jungclaussen, Von der Leichtigkeit, Gott zu finden. Das innere Gebet der Madame Guyon, Schwarzenfeld 2009 (S. 63–143), S. 71.
77 Teresa von Ávila, Das Buch der Gründungen (Gesammelte Werke Bd. 5, s. Anm. 73), S. 137f. (Kap. 5,8).
78 Teresa v. Ávila, Das Buch meines Lebens (s. Anm. 73), S. 156 (Kap. 8,5).
79 Erstveröffentlichung: Halle 1917 (Buchdruckerei des Waisenhauses); Reprint der Originalausgabe: München 1980.
80 E. Stein, Aus dem Leben einer jüdischen Familie (ESGA 1), S. 260.
81 Ebd., S. 211.
82 Über den Weg Edith Steins zu ihrer Entscheidung, sich taufen zu lassen, s.: U. Dobhan OCD, Vom »radikalen Unglauben« zum »wahren Glauben«, in: Edith Stein Jahrbuch 15 (2009), Würzburg 2009, S. 53–84.
83 E. Stein, Zum Problem der Einfühlung, eingef. u. bearb. v. M. A. Sondermann OCD, Freiburg/Basel/Wien 2008 (ESGA 5).
84 Die Geschichte dieser Entdeckung wird anschaulich und allgemeinverständlich erzählt in: G. Rizzolatti/C. Sinigaglia, Empathie und Spiegelneurone. Die biologische Basis des Mitgefühls, Frankfurt/M. 2008.
85 D. Goleman, Emotionale Intelligenz, München 1997. Ders., Soziale Intelligenz, München 2006, darin zum Thema Empathie vor allem S. 131–218.

86 Nur am Rande leider auch in einer Dissertation von 2004, die den Fragen der Intersubjektivität bei Edmund Husserl, Theodor Lipps, Max Scheler u. a. nachgeht: M. Schloßberger, Die Erfahrung des Anderen. Gefühle im menschlichen Miteinander, Berlin 2005. – Dass das Thema »Einfühlung« bis in das Arzt-Patient-Verhältnis hinein zunehmend von Bedeutung geworden ist und Edith Steins Analysen heute selbst auf diesem Gebiet wegweisend sein können, zeigt der Erfurter Philosoph Eberhard Tiefensee in: Ders., Der Mensch – Maß aller Dinge? Zwischen forschungs- und individualitätszentrierter Herangehensweise in der Medizin, in: Journal Tumorzentrum Erfurt 01/2009, S. 14–19.
87 Siehe vor allem: J. Bauer, Warum ich fühle, was du fühlst. Intuitive Kommunikation und das Geheimnis der Spiegelneurone, München 2007.
88 Die folgenden Ausführungen geben, leicht gekürzt, einen Vortrag wieder, den ich 1998 anlässlich der Heiligsprechung Edith Steins bei einem Internationalen Symposium am Teresianum in Rom gehalten habe; in der ursprünglichen Fassung veröffentlicht in: U. Dobhan/R. Körner, Lebensweisheit für unsere Zeit. Edith Stein als Lehrerin der Spiritualität, Leipzig 2001, S. 53–75: Einfühlung – ein Grundakt der (christlichen) Spiritualität.
89 Nach: Duden. Das Herkunftswörterbuch. Etymologie der deutschen Sprache, 2. Aufl. 1989, S. 209.
90 Siehe vor allem in: E. Husserl, Cartesianische Meditationen (Husserliana, Bd. I), Haag 1950, sowie das aus dem Nachlass herausgegebene Werk: Ders., Zur Phänomenologie der Intersubjektivität (Husserliana, Bde. XIII–XV), Haag 1973.
91 E. Stein, Zum Problem der Einfühlung (ESGA 5), S. 13f. (Im Folgenden abgekürzt: Einf.)
92 Vgl. Ebd., S. 43–51.
93 Ph. Secretan, Erkenntnis und Aufstieg. Einführung in die Philosophie von Edith Stein, Würzburg u. Innsbruck-Wien 1992, S. 46.
94 Einf., S. 11.
95 A.a.O. (s. Anm. 93), S. 46.
96 Einf., S. 14.
97 A.a.O. (s. Anm. 87), S. 14f.
98 Ebd.
99 Siehe ebd.
100 Ebd., S. 31.
101 Ebd., S. 24, Anm. 9.
102 Ebd., S. 23.
103 Ebd., S. 29.

104 Ebd., S. 20.
105 Ebd., S. 35f.
106 Ebd., S. 36.
107 Ebd., S. 38.
108 Ebd., S. 42.
109 Ebd., S. 39.
110 Ebd., S. 20.
111 Ebd., S. 76.
112 Ebd., S. 38.
113 Ebd.
114 Ebd., S. 51.
115 A.a.O. (s. Anm. 87), S. 44.
116 Ebd., S. 75.
117 Ebd., S. 76.
118 Ebd., S. 113.
119 Ebd., S. 108.
120 Ph. Secretan, a.a.O. (s. Anm. 87), S. 46.
121 Ebd., S. 49.
122 Einf., S. 127.
123 Ebd., S. 120.
124 Ebd.
125 Ebd., S. 120f.
126 Ebd., S. 76f.
127 Ebd., S. 77.
128 Ebd.
129 Ebd., S. 134.
130 Ebd., S. 135.
131 Ebd., S. 134.
132 Ebd., S. 135.
133 Ebd., S. 133f.
134 Ebd., S. 135.
135 Ebd., S. 67.
136 Ebd., S. 20.
137 Ebd.
138 Ebd., S. 135f.
139 Ebd., S. 136.
140 Ebd.
141 E. Biser, Einweisung ins Christentum, Düsseldorf 1977, S. 92; s. ausführlich bes. S. 135–162 (Die mediale Sicht).
142 Dogmatische Konstitution über die göttliche Offenbarung (Dei Verbum), Nr. 12.
143 S. th. II II q. 83 a. 3.

144 Siehe z. B.: Johannes von Damaskus, De fide orth. 3, 24; Aurelius Augustinus, Sermo 9 n. 3; Evagrius Ponticus, De oratione, 3.
145 Ein etwa zwanzig Mal wiederkehrendes Wort in den Werken des Johannes vom Kreuz, span.: advertencia amorosa.
146 Vgl. H. Denzinger/P. Hünermann, Kompendium der Glaubensbekenntnisse und kirchlichen Lehrentscheidungen, Nr. 301 (S. 174).
147 Siehe vor allem: Das Buch meines Lebens (Vida), Kap. 9 u. 22, und: Wohnungen der Inneren Burg (Moradas) VI 7 (s. Anm. 73).
148 Dogmatische Konstitution über die göttliche Offenbarung (Dei Verbum), Nr. 12.
149 Verlautbarungen des Apostolischen Stuhls 115, hg. v. Sekretariat der Deutschen Bischofskonferenz, Bonn, 2., korr. Auflage 1996.
150 Ansprache bei der Veröffentlichung dieses Dokumentes, ebd. (S. 7–20), S. 13.
151 Ebd., S. 12.
152 Zürich 1950.
153 Siehe dazu: C. J. den Heyer, Der Mann aus Nazaret. Bilanz der Jesusforschung, Düsseldorf 1998, vor allem: S. 207–236.
154 Johannes vom Kreuz, Aufstieg auf den Berg Karmel I 4, 3 (zur Werkausgabe s. später. Anm. 156).
155 E. Pacho, in: San Juan de la Cruz, Obras completas, Burgos 1982, S. 197, Anm. 4.
156 A.a.O. (s. Anm. 87), S. 57.
157 Das Gesamtkonzept der Spiritualität Juans habe ich mehrfach dargestellt, ausführlicher in meinen Büchern: Mystik – Quell der Vernunft. Die ratio auf dem Weg der Vereinigung mit Gott (EThSt 60), Leipzig 1990, S. 46–66; Mein sind die Himmel und mein ist die Erde. Geistliches Leben nach Johannes vom Kreuz, Würzburg 1989; Ch. Möller (Hg.), Geschichte der Seelsorge in Einzelporträts, Bd. 2, Göttingen u. Zürich 1995, S. 161–176 (Johannes vom Kreuz).
158 Merksätze von Licht und Liebe 106, in: Worte von Licht und Liebe, S. 126. – Ich zitiere Johannes vom Kreuz hier u. im Folgenden aus der neu übersetzten, fünfbändigen Gesamtausgabe im Verlag Herder, hg., übers. u. eingel. v. U. Dobhan OCD/E. Hense/E. Peeters OCD, Freiburg/Basel/Wien, seit 1995; Bd. 1: Die Dunkle Nacht, Bd. 2: Worte von Licht und Liebe (Briefe und kleinere Schriften), Bd. 3: Der Geistliche Gesang (Fassung A), Bd. 4: Aufstieg auf den Berg Karmel, Bd. 5: Die Lebendige Liebesflamme (Fassung B).
159 In ihrem Gebet zur Dreifaltigkeit, in: Elisabeth von der Dreifaltigkeit, Der Himmel ist in mir. Gesammelte Werke Bd. 1, hg. u. übers. v. A. Karl/A. Sagardoy, Wien 1994 (S. 175ff) S. 176.
160 Der Geistliche Gesang (A) 38,4.

161 Aufstieg auf den Berg Karmel I 4,3 u. öfter.
162 Merksätze von Licht und Liebe 59, in: Worte von Licht und Liebe, S. 118.
163 Aufstieg auf den Berg Karmel I 4,2.
164 Siehe dazu vor allem: Die Dunkle Nacht I u. Aufstieg auf den Berg Karmel III.
165 Die lebendige Liebesflamme 3,28.
166 Siehe vor allem: Aufstieg auf den Berg Karmel II 22,5f.
167 Der Geistliche Gesang (A) 11,6.
168 Ausführlicher dargestellt in meinem Büchlein: Dunkle Nacht. Mystische Glaubenserfahrung nach Johannes vom Kreuz (MKS 154), Münsterschwarzach 2006.
169 Die Dunkle Nacht I 9,2. – Zur Werkausgabe s. Anm. 158.
170 Vgl. Die Lebendige Liebesflamme 3,71.
171 Die Dunkle Nacht I 1,2.
172 Ebd.
173 Aufstieg auf den Berg Karmel I 2,5.
174 Ebd.
175 Ebd., II 26,9.
176 Ebd., II 14,12.
177 Die Dunkle Nacht II 13,1.
178 Die Lebendige Liebesflamme 3,71.
179 Die Dunkle Nacht II 5,3.
180 Die Lebendige Liebesflamme 4,2.
181 Die Dunkle Nacht II 9,5.
182 Die Lebendige Liebesflamme 3,69.
183 Der Geistliche Gesang (A) 9,5.
184 Ebd., Str. 4.
185 Die Dunkle Nacht II 9,6.
186 Aufstieg auf den Berg Karmel I 2,5.
187 Ebd., I 2,1.
188 Ebd., II 3,5.
189 Ebd., I 13,1.
190 Ebd., Prolog 3.
191 Ebd.
192 Ausführlich dargestellt in meinem Buch: »Wenn der Mensch Gott sucht ...« – Glaubensorientierung an der Berg-Karmel-Skizze des hl. Johannes vom Kreuz, Leipzig 2001 (vergriffen), mit zahlreichen Abbildungen und eingelegtem »Merkzettel« der Skizze auf Spanisch und Deutsch.
193 Die uns erhalten gebliebenen »Merkzettel« sind gesammelt in: Johannes vom Kreuz, Worte von Licht und Liebe. Briefe und kleinere Schriften (s. Anm. 158), S. 95–140.

194 Zitiert nach: San Juan de la Cruz, Obras completas, hg. v. J. V. Rodriguez, Madrid, 5. Aufl. 1993, S. 135.
195 Ebd., S. 134–136.
196 Aufstieg auf den Berg Karmel I 13,10. – Zur Werkausgabe s. Anm. 158.
197 Einen recht informativen Überblick über die Berg-Symbolik in der lateinischen, spanischen und französischen Literatur des 16. Jahrhunderts bietet: M. Florisoone, Esthétique et mystique d'après Saint Thérèse d'Ávila et Saint Jean de la Croix, Paris 1956, S. 119–122.
198 H. U. von Balthasar, Juan de la Cruz, in: U. Dobhan/R. Körner (Hg.), Johannes vom Kreuz – Lehrer des »neuen Denkens«. Sanjuanistik im deutschen Sprachraum, Würzburg 1991 (S. 41–98), S. 49.
199 Aufstieg auf den Berg Karmel, Absichtserkl.
200 Ebd., II 5,3.
201 Die lebendige Liebesflamme 4,3-6.
202 Aufstieg auf den Berg Karmel, Einführung, S. 12.
203 Ebd., I 13,10.
204 Brief vom 17. 11. 1940 aus Echt, in: E. Stein, Selbstbildnis in Briefen II (ESGA 3), S. 465.
205 Die Dunkle Nacht, Vorwort.
206 Ebd.
207 Ebd., I, Erkl. 2.
208 In: Worte von Licht und Liebe, S. 185.
209 A.a.O. (s. Anm. 198), S. 41.
210 Ebd., S. 89.
211 L'Osservatore Romano, deutsche Wochenausgabe 47/2006, S. 1.
212 Ein »Klassiker«, geschrieben in der Sprache der Menschen von heute, ist nach wie vor: H. J. M. Nouwen, Ich hörte auf die Stille. Sieben Monate in einem Trappistenkloster, Neuausgabe: Freiburg i. Br. 2004.
213 Zum Beispiel: P. Altmann, Atem holen im Kloster. Ein Reiseführer für Körper, Geist und Seele, Augsburg 2006. – Im Internet: www.kath.de/gruenewald/kloster; www.orden.de (Kloster auf Zeit); www.exerzitien.info; u.v.a.
214 Elisabeth von der Dreifaltigkeit, Der Himmel ist in mir (s. Anm. 159), S. 252.
215 Ebd.
216 E. Stein, Endliches und ewiges Sein. Versuch eines Aufstiegs zum Sinn des Seins (ESGA 11/12), Freiburg/Basel/Wien 2006, S. 369 u. S. 373.
217 R. Guardini, Vom Sinn der Kirche, Würzburg 1955, S. 19.
218 W. Kasper, Es ist Zeit, von Gott zu reden (s. Anm. 56), S. 22.
219 In einem Brief von 1950, in: H. Hesse, Mein Glaube, hg. v. S. Unseld, Frankfurt/M., 12. Aufl. 1993, S. 118.

220 Pastorale Konstitution über die Kirche in der Welt von heute (Gaudium et spes), Nr. 19.
221 Zuletzt: Mainz 1997.
222 In einem Brief vom Dezember 1961, a.a.O. (s. Anm. 219), S. 126.
223 J. B. Metz, Gotteskrise. Versuche zur »geistigen Situation der Zeit«, in: J. B. Metz/J. Reikerstorfer (Hg.), Diagnosen zur Zeit, Düsseldorf 1994 (S. 76–92), S. 77.
224 K. Koch, Die Gottesfrage in Gesellschaft und Kirche, in: G. Augustin (Hg.), Die Gottesfrage heute, Freiburg/Basel/Wien 2009 (S. 32–57), S. 51.
225 Ebd.
226 E. Biser, Der Freund. Annäherungen an Jesus, München-Zürich, 2. Aufl. 1989, S. 22.
227 So in jedem seiner Bücher, siehe vor allem: Glaubensprognose, Graz 1991; Überwindung der Glaubenskrise, München 1997; Einweisung ins Christentum, Düsseldorf 1997.
228 W. Beinert, Das Christentum. Atem der Freiheit, Freiburg/Basel/Wien 2000, S. 301.
229 A.a.O. (s. Anm. 218), S. 31.
230 E. Biser, Die Entdeckung des Christentums. Der alte Glaube und das neue Jahrtausend, Freiburg/Basel/Wien 2000, S. 11.
231 In Anlehnung an Augustinus (»magister interior«); ausführlich in: E. Biser, Der inwendige Lehrer. Der Weg zur Selbstfindung und Heilung, München 1994.
232 E. Biser, Der Freund (s. Anm. 226), S. 32.
233 Sehr eindringlich in: E. Biser, Glaubensbekenntnis und Vaterunser, Düsseldorf, 3. Aufl. 1996, S. 14 und S. 187.